Vorwort

Im April 2015 erschien „Ich & Du und die Firma | Kleine Ermutigung für Unternehmerpaare", der erste Band unserer Serie für Paare, die Berufsleben und Privatleben teilen. Das Buch hat sich gut an Firmen aus Handwerk, Hotellerie/Gastronomie und Landwirtschaft verkauft. Es war Anfang des Jahres vergriffen und ist nun seit diesem Frühjahr in zweiter Auflage wieder zu haben. Zusätzlich hatten wir schon seit Monaten die Fortsetzung des ersten Buches im Kopf, die wir hiermit vorlegen, den zweiten Band unserer Serie mit dem Titel „Die FIRMA, unser LEBEN und ICH | Das effektive Erfolgstraining für Unternehmerpaare". Darin sind auch die Hinweise und Wünsche von Lesern berücksichtigt, insbesondere die Bitte um eine strengere Systematik und um mehr Arbeitsblätter, Checklisten und Tests zu den einzelnen Kapiteln. Außerdem haben wir unsere Erfahrungen aus der Arbeit mit Unternehmerpaaren und aus den Diskussionen bei unseren Vorträgen und Seminaren einfließen lassen.

Der erste Band war die sehr persönlich geschriebene Einführung in das Thema, die schon alle wesentlichen Gesichtspunkte berührt hat, aber auf gut 90 Seiten eben nur kurz und knapp. Im Interesse einer ganzheitlichen Darstellung von Chancen und Risiken der Konstellation „Unternehmerpaar" haben wir auf die Vermittlung von Hintergrundwissen und auf eine strenge Systematik weitgehend verzichtet. Das konnten wir in diesem Buch deswegen anders machen, weil sich in unserer Arbeit im Laufe des letzten Jahres eine durchgängige Systematik herauskristallisiert hat, die sich hier wunderbar umsetzen ließ. So ist es immer: Nichts bleibt wie es ist, alles ist ständig im Fluss, das Bessere ist der Feind des Guten. Deswegen können wir nun mit Fug und Recht versprechen, dass dieses neue Buch auch für Leser des ersten Bandes viel Neues bietet, eine Vertiefung der Thematik ist und eine persönliche Bereicherung sein wird.

Kaarst, November 2016
Helmut und Marianne Becker

Inhalt

0. Prolog

Was passiert in diesem Buch?

Als Unternehmerpaar erkunden wir unsere Lebens- und Arbeitswelt. Dazu stellen wir uns vor, wir würden gemeinsam mit einem Tandem auf Entdeckungsfahrt gehen, nur in unserer Vorstellungswelt, deswegen virtuell. Der Vorteil des Tandems ist, dass beide Partner darauf mitfahren und so die Erfahrungen der Tour miteinander teilen können. Dadurch profitieren beide persönlich und auch als Paar.

Zur Vorbereitung auf diese Tandemtour empfehlen wir Unternehmerpaaren, sich Zeit zum Lesen und zum Durcharbeiten der Arbeitsmittel zu reservieren. Außerdem profitiert man am meisten, wenn beide mitmachen. Zum Beispiel so, dass man über die einzelnen Etappen spricht, nachdem beide die Texte zu einer Region gelesen und die Arbeitsmittel durchgearbeitet haben. Dazu brauchen Sie Zeit, die Bereitschaft dazuzulernen und Engagement, um in die Fragebögen, Checklisten und Tests einzusteigen, die es zu jeder Region gibt.

Dabei werden Sie schnell feststellen, dass Sie diese Tour im richtigen Leben sowieso jedes Jahr aufs Neue zu bewältigen haben. Ganz unabhängig davon, ob Sie das Buch nun lesen oder nicht.

Virtuelle Tandemtour =
Entdeckungsreise durch unsere Lebens- und Arbeitswelt

Teilnehmer der Tour =
Unternehmerpaar

Begleiter =
Herz & Verstand, also unsere Emotionen und unser Intellekt

Regionen =
Es gibt 3 Regionen:
ICH, ICH & DU und FIRMA

Etappen =
In jeder Region sind
vier Etappen zurückzulegen

Halb-Etappe =
Streckenabschnitt
innerhalb einer Etappe

Streckenprofil =
Schwierigkeitsgrad
der Etappe

I. Der Weg ist das Ziel

Das klingt vielleicht ein bisschen abgedroschen, trifft aber den Kern der Sache. Unsere virtuelle Tandemtour mit Herz & Verstand funktioniert nämlich so ähnlich wie ein großes Radrennen. Man fährt durch verschiedene Regionen, in unserem Fall drei, und legt dabei insgesamt zwölf Etappen zurück. Dabei kommt es aber nicht auf Geschwindigkeit an, und am Schluss gewinnt jeder, nämlich Erkenntnisse und neue Impulse für mehr Erfolg und Lebensglück. Doch zunächst kommen wir auf unser magisches Dreieck zurück.

Als Unternehmerpaar leben wir alle in diesem Dreieck. Die Eckpunkte sind ICH, also jeder von uns als eigenständige Persönlichkeit, ICH & DU, also unsere Paarbeziehung, und schließlich die FIRMA. In diesem Spannungsfeld zwischen den eigenen persönlichen Bedürfnissen, den Ansprüchen der Paarbeziehung und den Belangen der Firma spielt sich unser Leben ab.

Wenn an einer Ecke des Dreiecks ein Problem entsteht, hat das unweigerlich Auswirkungen auf die beiden anderen Felder.

Eine Erkrankung wäre ein Problem am Eckpunkt ICH. Fallen Sie selbst oder Ihr Partner krankheitsbedingt längere Zeit aus, betrifft das natürlich in erster Linie den Patienten, hat aber Auswirkungen auf die Firma und auf die Paarbeziehung. Der Kranke hat ein schlechtes Gewissen, weil er oder sie die Arbeit nicht mehr erledigen kann. Der oder die andere fragt sich, wie das alles aufgefangen werden soll.

Eine Beziehungskrise wäre ein Problem am Eckpunkt ICH & DU. Sie betrifft zunächst das Paar, macht aber meistens eine vernünftige Zusammenarbeit in der Firma schwierig und führt zu Ängsten bei den beiden Partnern persönlich, die dann enorm mit sich selbst zu tun haben. Man schläft schlecht und kann an nichts anderes mehr denken. Manchmal zieht sich ein Partner sofort aus der Firma zurück, die Auswirkungen sind dann unüberschaubar.

Der Verlust einer wichtigen Kundenverbindung wäre ein Problem am Eckpunkt FIRMA. Die Sorgen darüber werden aber mit nach Hause genommen. Man fragt sich, wie sich das auf die Auslastung und den Umsatz auswirken wird. Können die Mitarbeiter alle bleiben? Wie den verlorenen Umsatz ausgleichen? Und auch private Entscheidungen werden infrage gestellt: Sollen wir das neue Auto vielleicht doch nicht kaufen? Können wir jetzt eigentlich in Urlaub gehen oder besser nicht? Was würden die Mitarbeiter denken? Und hätten wir überhaupt die Ruhe, um Urlaub zu machen?

Man sieht: Alles hängt mit allem zusammen. Deswegen lohnt es sich, die Balance in diesem magischen Dreieck zu erhalten und bei Problemen immer wieder herzustellen. So verbessern Sie Ihre Aussicht auf Erfolg und Lebensglück. Und das ist auch das Ziel unserer virtuellen Tandemtour.

Ein Ziel zu haben ist auf jeden Fall richtig. Damit ist allerdings noch nichts passiert und auch nichts besser geworden. Es kommt darauf an, was man wirklich tut, und zwar auf jeder Etappe von Neuem. Wer das Ziel vor Augen hat und immer wieder einige Kilometer in die richtige Richtung fährt, hat verstanden, warum wir sagen „Der Weg ist das Ziel". Die Beatles sangen einst „It's getting better all the time". Das kann jeder hinbekommen, der täglich eine kleine Verbesserung umsetzt. Was kann man denn nun konkret tun als Teilnehmer der virtuellen Tandemtour? Da sehen wir zwei Punkte.

1. Die eigene Haltung prüfen

Zunächst geht es um die Haltung zu uns selbst und zu den Dingen und den Personen, die uns umgeben. Fangen wir bei uns selber an. Ich werde nur dann ein Superheld, wenn ich mich auch selbst so sehe. Wer sich morgens vor dem Spiegel begrüßt und sich sagt „Du bist gut und Du schaffst das", startet mit einer anderen Energie in den Tag als jemand, der sich schon morgens bedauert, weil wieder einer von diesen stressigen Arbeitstagen vor der Tür steht. Oder schauen wir auf unseren Partner. Wenn ich mich über jede Kleinigkeit, die mein Mann oder meine Frau anders macht als ich, aufrege, dann bin ich schlechter drauf, als wenn ich meinen Partner so nehmen wie er ist, quasi als Gesamtkunstwerk, das ich einfach liebe. Und das Gleiche gilt für die Firma. Wer sie nur als Belastung sieht, wird voraussichtlich irgendwann depressiv oder landet im Burn-out. Betrachte ich sie als wirtschaftliche Heimat und als Basis meiner Unabhängigkeit, sieht die Welt ganz anders aus. Das ist alles eine Frage der Haltung, die ich zu Menschen oder Dingen einnehme. Und wie diese Haltung aussieht, haben wir selbst in der Hand. „Das Glück hängt von der Beschaffenheit deiner Gedanken ab." Das wussten schon die alten Römer und damit sind wir an einem ganz entscheidenden Punkt. Für die Art, wie wir durch das Leben gehen, für die Kraft, die wir aufbringen können, und das Glück, das wir empfinden, ist unsere Haltung zu den Dingen wesentlich wichtiger als die Dinge selbst. Wenn wir mit den Aufgaben einverstanden sind, die sich uns täglich stellen, fallen sie uns leicht. Sind wir nicht einverstanden, erleben wir die gleiche Situation als Quälerei. Zum Schluss hat natürlich jeder die Wahl: Love it, change it or leave it! Also Dinge, Menschen oder Situationen zu lieben, zu verändern oder zu verlassen.

	Ich als Person	Du & andere	Dinge & Umfeld
Love it In Harmonie annehmen	Mich selbst sehen und so akzeptieren wie ich bin, auf meine Vorzüge stolz sein	Mit Toleranz, gutem Willen und (beim Partner) mit Liebe andere annehmen	Mit meiner Lage zufrieden sein oder mich damit anfreunden
Change it Zum Besseren hin verändern	Mit Neugier und Disziplin an mir selbst arbeiten, ohne mich zu überfordern	Andere Menschen zu verändern ist schwierig, sind sie einem wichtig, hilft nur „Love it"	An der Verbesserung von Situationen in der Firma oder in der Familie arbeiten
Leave it Ein für alle Male verlassen/ trennen	Man kann sich nicht selbst verlassen (Suizid), aber manchmal neu erfinden	Menschen, die mir nicht guttun, meiden. Als Ultima Ratio auch jemanden verlassen	Situationen verlassen, wenn sie untragbar sind, auch wenn es schwerfällt

Wer an seiner Haltung arbeitet, wird feststellen, dass es sich besser lebt, wenn man Dinge liebt, die man nicht ändern oder verlassen kann. Vieles kann man sich nämlich „schnuckelig" denken. Das kann viele subjektiv empfundene Probleme lösen. Deswegen ist das Thema „Meine Haltung zu den Menschen und Dingen, die mich umgeben" ein Leitmotiv dieses Buches.

Prüfen der eigenen Haltung		
Zu mir selbst	Zu Partner & Familie	Zum Beruf
ICH	**ICH & DU**	**FIRMA**

2. Kleine Schritte: Kontinuierliche Verbesserungen

Der zweite Punkt, den wir sehen, sind kontinuierliche Verbesserungen auf den Feldern, die für ein erfolgreiches und glückliches Leben als Unternehmerpaar maßgeblich sind. Dabei darf man sich nicht übernehmen, deswegen jeden Tag ein kleiner Schritt!

Auf welchen Feldern kann man denn besser werden? Wir haben zwölf in unserer Arbeit identifiziert und in der Studie „Unternehmerpaare in Deutschland 2015" von Paaren, die Berufsleben und Privatleben teilen, bewerten lassen. Die Ergebnisse der Studie finden Sie im Kapitel III: „Hintergrundwissen". Auf unserer virtuellen Tandemtour stellen diese zwölf Felder die Etappenziele dar. Wer das Inhaltsverzeichnis gelesen hat, weiß auch, um welche Felder es sich handelt. Und die Regionen, durch die wir fahren, heißen ICH, ICH & DU und FIRMA. Wie könnte es anders sein?

Wenn Sie wollen, gehen Sie nun an den Start, am besten zu zweit, denn ans Ziel kommt man nur als Team. Allein kann man auch etwas lernen, aber man kommt nicht in die Mannschaftswertung. Zu jedem Team gehört ein Begleitfahrzeug, so ist es auch bei großen Radrennen üblich. In unserem Begleitfahrzeug sitzen Herz und Verstand. Sie versorgen uns mit Wasser, Proviant und Ersatzteilen und helfen uns so, heil ans Ziel zu kommen.

Warum ist es wichtig, gerade diese beiden Begleiter mitzunehmen? Zunächst einmal sind die zwei auch ein Paar. Und als Paar sind sie vielen von uns ähnlich. Sie sehen viele Dinge nämlich zunächst komplett unterschiedlich, können aber nur wirklich gute Resultate erzielen, wenn sie an einem Strang ziehen, und zwar in die gleiche Richtung! Zum Zweiten lohnt es sich, regelmäßig auf beide zu hören. Und genau das werden wir auf jeder Etappe unserer Tour machen. Auslöser von Gefühlen, für die das Herz zuständig ist, sind erfüllte oder unerfüllte Bedürfnisse. Erfüllte Bedürfnisse führen zu positiven Emotionen, wir freuen uns über etwas oder auf etwas, fühlen uns wohl und geborgen. Bleiben Bedürfnisse unerfüllt, entstehen negative Emotionen wie Wut, Angst, Trauer oder Ekel. Es ist wichtig, die eigenen Gefühle zu erkennen, weil uns sonst die halbe Wahrheit verborgen bleibt. Deswegen hören wir auf das Herz. Auf der anderen Seite dürfen wir nicht in diesen Gefühlen stecken bleiben, weil wir sonst keinen Schritt vorankommen.

Dann kommt die Stunde des Verstandes. Negative Gefühle sind ja keine Strafen, die wir erdulden müssen, sondern immer auch eine Aufforderung zur Veränderung dessen, was sie auslöst. Und damit sind wir wieder beim Thema „Love it, change it or leave it", also bei der Änderung von Dingen oder Menschen oder aber bei der Veränderung unserer eigenen Haltung dazu. In dem Sinne ist die Emotion immer der Auftraggeber des Denkens, man könnte auch sagen, das Herz beauftragt den Verstand, Lösungen für die Befriedigung unerfüllter Bedürfnisse zu finden, die den negativen Gefühlen zugrunde liegen. Emotionalität allein ist also kein guter Ratgeber, aber ohne Gefühle hätte das Denken keine Richtung. Umgekehrt hätten Gefühle ohne das Denken keinen Sinn, weil sie allein zu keinem Ziel führen. Wir sehen also, Herz und Verstand sind auf gute Zusammenarbeit angewiesen, wie wir alle! Und deswegen sind sie auch die richtigen Begleiter bei unserer Tour.

ICH, das klingt nach Ich-Bezogenheit und Egoismus. Wie viel Egoismus darf man sich leisten? Und wo ist die Grenze? Sicherlich da, wo die eigene Ich-Bezogenheit verhindert, dass der Partner auch zu seinem Recht kommt. Jeder Mensch wünscht sich körperliche, geistige und seelische Gesundheit. Die herzustellen oder zu erhalten erfordert, dass wir uns um unsere eigenen Bedürfnisse kümmern. Gerade in der engen Konstellation „Unternehmerpaar" besteht die Gefahr, die eigenen Bedürfnisse, die eigene Gesundheit und die eigenen Interessen hintenanzustellen und damit zu vernachlässigen. Die Firma fordert vollen Einsatz und schließlich kümmert sich der Partner ja oft auch nicht um seine persönlichen Bedürfnisse und Interessen. Kann man das dann selbst tun? Und wenn ja, wie soll das gehen? Das zeigt sich bei der Fahrt durch die Region ICH. Da geht es zunächst um die eigene Gesundheit. Dafür etwas zu tun, ist eine reine Disziplinfrage. Unsere innere Zufriedenheit und Ausgeglichenheit hat überraschend viel damit zu tun, ob wir einen Sinn darin sehen, was wir tagaus, tagein tun. Wie der Sinn in unser Leben kommt und was eine gemeinsame Zukunftsperspektive damit zu tun hat, zeigt sich ebenfalls bei der Fahrt durch diese Region. Viele Paare kommen gar nicht dazu, sich darüber Gedanken zu machen, weil in der Hektik des Tagesgeschäftes und der Vielzahl von anderen Aufgaben für solche Gedanken kein Platz bleibt. Da hilft es vielleicht, sich mal Gedanken über seine Lebensrollen zu machen. Müssen wir uns wirklich um all die Dinge kümmern, die wir heute tun? Haben wir vielleicht zu viele Aufgaben und Ämter? Oder ist das doch so richtig, und was haben wir eigentlich davon? Am Schluss beschäftigt uns die Frage, was das Glück eigentlich ist, wie man es genießen kann und wie wir unseren Sinn für Humor behalten. Humor, diese Geheimwaffe der Glückspilze, die es uns erlaubt, Negatives einfach wegzulachen. Auf geht's!

3 Etappe:
Verantwortlichkeiten
& Lebensrollen

4 Etappe:
Humor &
Glücksmomente

ZIEL

1. Etappe: Selbstliebe & Gesundheit

 Streckenprofil: Sich selbst annehmen und weiterentwickeln, gut für sich selbst sorgen, um für andere da sein zu können, sich Zeit für Fitness und Vorsorge nehmen, sich selbst und dem Partner zuliebe.

 Die **erste Halb-Etappe** heißt Selbstliebe. Gleich am Start unserer Tour ist zu klären, was damit eigentlich gemeint ist. „Wieso soll ich mich selbst lieben, es reicht doch, wenn mein Mann mich liebt, oder nicht?", fragte uns mal eine Unternehmerfrau. Die Antwort ist ganz einfach: Wer sich nicht selbst liebt, kann auch keine Liebe geben. Und um ein Missverständnis auszuräumen, es geht hier nicht um Selbstverliebtheit, was eine Form von Eitelkeit ist, sondern darum, sich selbst zu akzeptieren und mit den eigenen Bedürfnissen richtig umzugehen und Verantwortung für sich selbst zu übernehmen.

Oft hört man, sich selbst infrage zu stellen, sei eher ein Frauenthema. Frauen zweifeln schon mal, ob sie hübsch genug sind oder schlank genug. Das sind Äußerlichkeiten und beim Betrachter oft Geschmacksache. Man kann nicht jedem gefallen, aber man muss sich selbst gefallen! Hinweis an alle Frauen: Wer da nicht JA zu sich selbst sagt, handelt sich ein Dauerproblem ein, weil das zum Schluss sein Selbstbewusstsein beschädigt. Also, nehmen Sie sich selbst an wie Sie sind, erkennen Sie Ihre Vorzüge und seien stolz darauf! Männer kennen das Thema aber auch, sie geben es nur seltener zu. Wie wirke ich auf andere? Bin ich groß genug? Bin ich männlich genug? Bin ich zu dick? Warum werde ich schon wieder abgelehnt? Bevor man von anderen Anerkennung und Zustimmung erwartet, sollte man selbstbewusst genug sein, sich selbst zu akzeptieren. Also ganz tief in sich selbst wissen, dass man ein wertvolles Mitglied der menschlichen Gesellschaft ist. Männer bleiben von Selbstzweifeln auch nicht verschont und für sie gilt der gleiche Hinweis, den wir oben an alle Frauen gerichtet haben. Fazit: Entscheidend ist die Haltung, die wir zu uns selbst einnehmen!

Aber es geht auch um die Frage, ob man seinen Aufgaben gewachsen ist, ob man alles (perfekt) schafft, was im Betrieb und bei den Frauen meistens auch noch in Haushalt und Familie zu tun ist. Und darum, was man sich zutraut und was nicht, also um Selbstbewusstsein und Selbstvertrauen. Das Selbstbewusstsein steigt mit den persönlichen Erfolgen. Die kann man nur erringen, wenn man über den eigenen Schatten springt und einfach mal neue Herausforderungen annimmt. Und dazu gehört es auch, sich selbst die Fokussierung auf diese neue Aufgabe zu ermöglichen. Vielleicht muss man da vorübergehend Kompromisse auf anderen Feldern machen und die eigenen Ansprüche an die realen Möglichkeiten anpassen. Also spezielle Lösungen bei Belastungsspitzen finden und auch mal fünfe gerade sein lassen. Das heißt nicht, in Selbstgefälligkeit zu verfallen. Aber es bedeutet, vom Grundsatz her eine positive und konstruktive Haltung zu sich selbst einzunehmen, an der eigenen Weiterentwicklung zu arbeiten, sich dabei nicht zu überfordern und auch, sich selbst Fehler zu verzeihen.

Was sagen Herz und Verstand dazu?

 Das wäre schön, wenn ich auch mal diese interessante Aufgabe übernehmen könnte! Aber ich habe Angst, etwas falsch zu machen!

Bleib' mal bei den Sachen, die Du kennst! Dann kann nichts passieren.

 Sicher ist sicher, o. k., aber mit der Zeit wird mir das zu langweilig! Ich spüre einfach, dass ich etwas ändern muss. Und das merke ich ja immer deutlich schneller als Du!

Entscheide Du, ich will es nicht gewesen sein!

 Ich mache das jetzt einfach und Du unterstützt mich gefälligst. Wir sind doch schließlich ein Team, oder?

Ich tue, was ich kann, versprochen!

Was bedeutet es nun, die eigenen Bedürfnisse ernst zu nehmen? Es ist ein Unterschied, ob ich meine Bedürfnisse erkenne oder ob ich sie auch ernst nehme, indem ich etwas dafür tue, sie zu befriedigen. Oft ist es so, dass die Betroffenen gar keine Klarheit über die eigenen Bedürfnisse haben. Die gehen einfach unter in der Tretmühle des Tagesgeschäfts und der familiären Pflichten. Wer seine Bedürfnisse kennt, ist schon einen Schritt weiter. Dann kommt es darauf an, Wege zu finden, wie man sie erfüllen kann. Ein Beispiel aus der Praxis: Die Meisterfrau aus einem Elektrobetrieb hatte seit vielen Jahren den Traum, wieder ernsthaft zu tanzen, nachdem sie als Kind in einer Ballettgruppe gewesen war. Sie hat sich diesen Wunsch immer wieder selbst ausgeredet, weil sie glaubte, es mit ihren Pflichten in Betrieb und Familie nicht vereinbaren zu können. Dennoch geisterte die Idee weiter in ihrem Kopf herum und mit der Zeit warf sie es nicht etwa sich selbst, sondern der Firma vor, dass sie sich diesen Wunsch versagt hatte. So kann ein Mangel an Selbstliebe zum Schluss die Arbeitsfreude beeinträchtigen.

Was sagen Herz und Verstand dazu?

 Ich freue mich so, wenn ich bald wieder tanzen kann!

Verstehe ich, geht aber leider nicht, das weißt Du doch!

 Ja, ich weiß, zu viel zu tun, keine Zeit für solche Sachen, die Firma, der Haushalt, die Kinder …

Sage ich doch!

 Ich bin so traurig, dass ich nicht tanzen darf!

Ich würde Dir ja gern helfen, aber Du weißt ja selbst …

 Das macht mir alles keinen Spaß mehr, immer nur Pflichten, es fehlt nicht viel und ich hasse diese Firma!

Wir sprechen das Thema einfach noch einmal an. Vielleicht gibt es ja doch eine Lösung.

Solche Beispiele gibt es natürlich auch für Männer, zum Beispiel den Gastronomen, der sich immer wieder den Herzenswunsch nach einem Motorrad und Motorradtouren durch die Eifel ausgeredet hatte.

Ein letzter Aspekt der Selbstliebe ist die Selbstverantwortung. Wir haben alle die Verantwortung für uns selbst. Und nur, wenn man der gerecht wird, kann man auch Verantwortung für andere übernehmen. Wer sich nur auf andere konzentriert, verliert den Kontakt zu sich selbst. Eine Jungbäuerin engagierte sich bei den Landfrauen und hatte bald den Ruf, dass sie gut zuhören kann und dass man mit ihr alle Probleme besprechen könnte. Das Ende vom Lied war, dass sie der seelische Mülleimer für ihre Freundinnen und Kolleginnen wurde, und zwar rund um die Uhr. Hier gab es ein Gesundheitsproblem, dort stand die Ehe auf der Kippe und so weiter. Oft reichte eine SMS von einer Freundin, um sie das ganze Wochenende in Sorge zu versetzen. Irgendwann wurde ihr klar, dass sie auf Dauer so nicht weitermachen konnte, weil sie ihre eigenen Themen in Firma, Familie und Partnerschaft vernachlässigte, nur um für andere da zu sein. Denn für andere da zu sein, setzt voraus, dass man vorher ausreichend für sich selbst gesorgt hat.

Was sagen Herz und Verstand dazu?

 Die arme Inge, die weiß gar nicht mehr, was sie machen soll.

Verstehe ich, aber ist ja eigentlich nicht Dein Problem.

 Du herzloses Computerhirn! Wie kannst Du das so sehen? Wenn jemand verzweifelt ist, muss man doch helfen!

Ja, aber Du musst aufpassen, wie weit Du Dich da reinziehen lässt, sonst ist das bald wirklich Dein Problem.

 Wo soll ich da die Grenze ziehen? Ich kann mich immer so gut in die Situation der anderen versetzen!

Aus meiner Sicht gibt es verschiedene Grenzen. Erst einmal Deine persönliche Kapazität. Denke mal an Deine eigenen Baustellen! Und dann den Unterschied zwischen Mitgefühl und Mitleid. Das Mitgefühl hat jeder verdient, aber sobald Mitleid ins Spiel kommt, sitzt Ihr gemeinsam in der Tinte.

Das Gefühl habe ich manchmal auch.

Es ist aber nicht Deine Tinte!

Wir erklären diesen Zusammenhang gern am Beispiel der Sicherheitshinweise im Flugzeug. Da heißt es: „Sollte der Druck in der Kabine sinken, fallen automatisch Sauerstoffmasken aus der Kabinendecke. In diesem Fall ziehen Sie eine der Masken ganz zu sich heran und drücken Sie die Öffnung fest auf Mund und Nase. Danach helfen Sie mitreisenden Kindern und anderen hilfsbedürftigen Personen." Also erst für sich selbst sorgen, dann an andere denken! In unserem ganzen Leben geht es in dieser Reihenfolge besser. Erst mit ausreichend Selbstliebe und Selbstfürsorge sind Sie in der Lage, für andere da zu sein.

Einige Achtsamkeitsübungen zum Umgang mit sich selbst finden Sie in unserem Arbeitsblatt „Üben Sie Achtsamkeit" auf **www.powerpaare.net**. Der QR-Code im Verzeichnis der Arbeitsmittel zu dieser Region auf Seite 65 führt Sie direkt zum Dokument, das für Sie zum Download bereitsteht.

Darum geht es beim Thema Selbstliebe:
- Die Haltung zu sich selbst prüfen und sich so akzeptieren, wie man ist
- Sich weiterentwickeln, ohne sich zu überfordern
- Je nach Temperament neue Herausforderungen annehmen
- Herausfinden, was einem guttut, und eigene Bedürfnisse erkennen
- Freiräume für die eigenen Bedürfnisse zu schaffen
- Gut für sich selbst sorgen, damit man für andere da sein kann

Wir kommen zur **zweiten Halb-Etappe**, es geht um Gesundheit: Jeder, der die Situation von Unternehmerpaaren kennt, weiß, dass es immer wieder zu situationsbedingten Überforderungen kommt. Manch einer mag das, gerade in jungen Jahren, als sportliche Herausforderung auffassen. Doch: Der Körper vergisst nichts! Und die Quittung für den Raubbau wird uns später präsentiert. Man sagt, mit 20 reißt man noch Bäume aus. Das stimmt auch nicht immer, aber biologisch betrachtet steht fest, dass es ab 30 bergab geht. Manch einer hat mit 50 schon massive Gesundheitsprobleme und bei den anderen geht zumindest alles ein bisschen langsamer. Ab 60 ist man dann gut beraten, seine Kräfte sehr gut einzuteilen. Auf der anderen Seite findet man immer wieder erstaunlich positive Beispiele, wie jüngst einen Karosseriebauer, der mit über 70 noch aktiv ist. Er war schon mal im Ruhestand, „aber das war nichts für mich!" Stabile Gesundheit, Glückwunsch!

Gesundheit ist für jeden fundamental wichtig. Dabei tragen wir als Unternehmerpaar nicht nur Verantwortung für uns selbst und unsere Familie, sondern zusätzlich für die Firma als wirtschaftliche Heimat und oft genug Basis der eigenen Altersversorgung. Wenn die Gesundheit eines Tages nicht mehr mitspielt, sind alle Pläne Makulatur. Deswegen lohnt es sich, frühzeitig auf die Gesundheit zu achten. Dazu gehören auch die regelmäßigen Vorsorgeuntersuchungen.

Vorsorgeuntersuchungen für Erwachsene
- **Krebsfrüherkennung**
  Frauen jährlich ab 20 Jahren; Männer jährlich ab 45 Jahren
- **Darmkrebsvorsorge Männer und Frauen**
  ab 50 Jahren alle zwei Jahre; ab 55 Jahren Darmspiegelung
- **Gesundheits-Check-up Männer und Frauen**
  ab 35 Jahren alle zwei Jahre
- **Zahnvorsorgeuntersuchung Männer und Frauen**
  ab 18 Jahren halbjährlich

„Tue Deinem Körper Gutes, damit die Seele Lust hat, darin zu wohnen!", sagte schon vor 450 Jahren die heilige Teresa von Ávila. Was sollte man denn da tun? Folgt man einer medizinischen Studie, können Sie Ihre Lebenszeit um 14 Jahre verlängern, wenn Sie vier einfache Regeln befolgen. Das sagt zumindest eine viel beachtete Langzeitstudie der Universität Cambridge.

Dort haben die Forscher über 20.000 Männer und Frauen im Alter von 45 bis 79 Jahren aus der britischen Stadt Norfolk befragt, bei denen keine Krebs- oder Herz-Kreislauf-Erkrankungen bekannt waren. Anschließend registrierten sie zehn Jahre lang alle Todesfälle in dieser Gruppe. Aus diesen Beobachtungen konnten sie vier Regeln ableiten, deren Befolgung das Leben durchschnittlich um 14 Jahre verlängern soll. Und das sind sie:

1. Nicht rauchen
Rauchen ist gesundheitsschädlich, und zwar jede Zigarette! Die gute Nachricht: Es ist es nie zu spät, um mit dem Rauchen aufzuhören. So ist nach zehn Jahren Rauchstopp das Lungenkrebsrisiko wieder vergleichbar mit dem bei Nichtrauchern. Das Risiko von Herz-Kreislauf-Erkrankungen ist nach 15 Jahren wieder auf Normalmaß. Die Krankenkassen fördern Raucherentwöhnungstrainings.

2. Wenig Alkohol
Moderater Alkoholgenuss schadet in der Regel nicht – in Maßen genossen kann er durchaus positive Wirkungen haben. Promille sind also nicht gänzlich verboten. Es sollte aber bei einem Gläschen und mehreren alkoholfreien Tagen pro Woche bleiben, denn einen risikofreien Alkoholkonsum gibt es nicht. Und die Lebensfreude muss darunter nicht leiden. Wir haben in letzter Zeit zum Beispiel öfters alkoholfreie Aperitifs getrunken, die ebenso gut schmeckten wie die bekannten alkoholhaltigen Angebote.

3. Regelmäßig Bewegung
Regelmäßiger Ausdauersport ist gut für Körper und Seele, hilft die Abwehrkräfte zu stärken, schützt vor Übergewicht und beugt Herz-Kreislauf-Erkrankungen vor. Ideal ist es, wenn man jeden Tag eine gute halbe Stunde schnell geht, walkt oder joggt. Aber das Wichtigste ist, überhaupt anzufangen und durchzuhalten. Es ist nie zu spät, um mit regelmäßiger Bewegung zu beginnen. Zum Start reicht es vielleicht schon, wenn man sich 2–3 Mal pro Woche aufrafft. Am besten nicht im Fitnessstudio, sondern draußen unter freiem Himmel. Denn Sauerstoff weckt die Lebensgeister und Tageslicht sorgt für bessere Stimmung.

4. Mehrmals täglich Obst und Gemüse
Die Forscher empfehlen, jeden Tag fünf Portionen frisches Grün zu essen. Das ist natürlich eine Herausforderung und will gut vorbereitet sein. Jedenfalls ist es besser, Fastfood zu meiden und

stattdessen viel Obst, Gemüse und Salat zu essen. Also lieber etwas Gesundes mitnehmen, als sich mittags einen Burger zu gönnen. Wenig Fleisch und wenig Fett, viele pflanzliche Kohlenhydrate zu sich nehmen und vor allem: ausreichend trinken! Je nach Körpergewicht sollten es schon 2–3 Liter pro Tag sein, am besten Wasser oder Kräutertee.

Was sagen Herz und Verstand dazu?

 Gleich ist Pause. Ich freue mich schon auf mein Zigarettchen!

Na, hör' mal, Du weißt doch, wie schädlich das Rauchen für Deine Gesundheit ist.

 Ach, lass mich doch in Ruhe, Du Gesundheitsapostel. Helmut Schmidt hat auch gequalmt wie ein Schlot und der ist über 90 geworden.

Aber Du bist nicht Helmut Schmidt. Du hast nicht so tolle Gene. Wenn ich Dich husten höre, glaube ich nicht, dass Du besonders alt wirst!

 Das ist mir scheißegal. Ein bisschen Spaß im Leben muss schließlich sein! Wo sind denn nun meine Zigaretten?

Mach' doch, was Du willst! Du wirst schon sehen, was Du davon hast.

So weit die von uns etwas angereicherten Regeln der Universität Cambridge. Klingt ein bisschen wie die Tipps von der Krankenkasse, aber 14 Jahre länger leben ist doch ein Anreiz, oder? Wir würden diesen Regeln noch zwei Tipps hinzufügen.

5. Gut und ausreichend lange schlafen

Schlaf ist ein Grundbedürfnis, das wir ebenso regelmäßig befriedigen müssen wie Hunger und Durst. Im Schlaf wird der Stoffwechsel einen Gang heruntergeschaltet, dagegen arbeiten die körpereigenen Reparaturmechanismen auf Hochtouren. Körper und Geist brauchen den Schlaf, um sich zu regenerieren. Studien belegen, dass Menschen, die regelmäßig zu wenig schlafen, ein vielfach erhöhtes Infarktrisiko haben. Der Schlafbedarf ist individuell unterschiedlich. Im Durchschnitt schlafen die erwachsenen Deutschen pro Nacht 7 Stunden und 8 Minuten. Alles zwischen sechs und neun Stunden gilt als normal. Was kann man für einen guten Schlaf tun? Kaffee und zu viel Alkohol am Abend können den Schlaf beeinträchtigen. Auf jeden Fall ist es kontraproduktiv, sein Gehirn abends noch einmal richtig auf Trab zu bringen, indem man beispielsweise am Computer spielt, gruselige Krimis guckt oder Firmenprobleme wälzt. Ganz schlecht ist es auch, sich spät abends mit seinem Partner zu streiten und ohne Versöhnung ins Bett zu gehen. Beziehungsstress ist ein Schlafkiller, und das rächt sich am nächsten Tag.

6. Entspannung suchen

Stress, Hektik und psychische Belastungen schwächen unsere Widerstandskraft. Sie stören die Balance von Spannung und Entspannung und so kann es zu ernsthaften psychischen und körperlichen Erkrankungen kommen. Wenn Stress und Hetze überhandnehmen, wird es Zeit, einen Gang zurückzuschalten. Entspannungstechniken wie autogenes Training, progressive Muskelentspannung oder Yoga können dabei helfen. Manchmal reicht auch schon einfach mal eine halbe Stunde Ruhepause. Zur Entspannung gehört es auch, richtig Urlaub zu machen. Dabei geht es nicht um die Urlaubsziele. Allerdings ist erwiesen, dass Verreisen als solches eine positive Wirkung hat. Einfach mal raus! Fernreisen sind für die Erholung aber nicht erforderlich. Wichtig ist, sich in Ruhe und auch moralisch auf den Urlaub vorzubereiten. Dafür sollte man zwei Tage einplanen. Wer das nicht kann, fängt am besten schon zwei Wochen vor der Abreise an, jeden Tag ein bisschen was für den Urlaub vorzubereiten. Die Erholung hält übrigens nicht länger an, wenn der Urlaub länger war. Im Urlaub selbst kommt echte Entspannung auf, wenn es Raum für Müßiggang gibt, wenn man sich also auch mal langweilt. Dann findet man Zeit, in sich hineinzuhören, was bei ständigen Ausflügen und Besichtigungen nicht gelingt. Übrigens auch nicht, wenn man pausenlos auf das Smartphone achtet. Nach dem Urlaub sollte man es ein bis zwei Tage etwas ruhiger angehen lassen, vielleicht auch donnerstags starten statt montags. Dann ist die erste Woche nicht so lang. Wer gleich wieder zwölf Stunden ohne Essen und Pausen durcharbeitet, verpulvert seine Erholung innerhalb weniger Tage. Der Urlaub allein rettet uns aber nicht. Echte Entspannung und Schutz vor Stress und Burn-out findet man nur, wenn man sich in den Arbeitswochen Entspannungsinseln schafft. Das sind regelmäßige Pausen, auf die man sich freuen kann, wie verlängerte Wochenenden, durchaus auch zu Hause im Garten, Konzerte, längere Spaziergänge, Ausstellungsbesuche und vieles mehr. Allein die Vorfreude darauf ist ein Beitrag zur psychischen Gesundheit.

Darum geht es beim Thema Gesundheit:

- Nicht rauchen
- Wenig Alkohol
- Regelmäßig Bewegung
- Nehrmals täglich Obst und Gemüse
- Gut und ausreichend schlafen
- Entspannung suchen

Unsere Checkliste „Das kann ich für mehr Gesundheit tun" und einen Maßnahmenplan finden Sie im Verzeichnis der Arbeitsmittel am Ende dieser Region auf Seite 65. Mit dem QR-Code gelangen Sie direkt zum Dokument auf **www.powerpaare.net**.

Die Etappe ist geschafft! In der ersten Hälfte ging es ein bisschen über Kopfsteinpflaster, aber dafür gab es keine nennenswerten Steigungen. Selbstliebe ist hundertprozentig eine Frage der Haltung, die wir zu uns selbst einnehmen. Sagen Sie „Ja" zu sich selbst! Dann ist vieles leichter!

Aber auch bei Gesundheit, Fitness und Vorsorge spielt die Haltung eine entscheidende Rolle. Je nachdem, welche Einstellung Sie zu Ihrem Körper haben, werden Sie ihn pflegen oder vernachlässigen. Unser Tipp: Seien Sie Ihrem Körper dankbar, dass er sie bisher durch das Leben begleitet hat, und schenken Sie ihm die Liebe und Fürsorge, die er braucht, um noch möglichst lange die Heimat von Herz, Verstand und Seele zu sein. Sie haben es selbst in der Hand, lassen Sie sich nicht vom „inneren Schweinehund" unterkriegen, tun Sie was!

2. Etappe: Vision & Ziele

 Streckenprofil: Sich Zukunftsträume erlauben, Ängste und Vorbehalte wahrnehmen und berücksichtigen, Ziele immer im Auge haben, Strategien regelmäßig überprüfen.

Na, fit für die zweite Etappe? Es wird etwas anstrengender als auf der ersten, denn es handelt sich um eine Bergetappe und wir fahren durch eine eher karge Landschaft.

 Auf der **ersten Halb-Etappe** dreht sich alles um die gemeinsame Vision. Das ist eine langfristig ausgerichtete Vorstellung von der Zukunft. Braucht man die eigentlich und wenn ja, wozu? Reicht es nicht, jeden Tag einfach seinen Job zu machen? Oder ist es doch besser, diese gemeinsame Vorstellung von der Zukunft zu haben, auf die man langsam, aber stetig hinarbeitet? Hat man dann eher das Gefühl, etwas Sinnvolles zu tun? Wir glauben, wer immer nur das erledigt, was der Arbeitstag ihm in den Stundenplan schreibt, fühlt sich irgendwann wie ein Wasserträger, der tagein, tagaus in die Pedale tritt, aber keinen tieferen Sinn in der ganzen Plackerei erkennen kann. Da hilft eine gemeinsame Vision. Sie ist sozusagen der Streckenplan, an dem wir uns orientieren können, wenn wir unseren Job in der Firma und in der Familie jeden Tag mit Begeisterung erledigen wollen.

Fehlt diese Orientierung, kann es im Extremfall aus heiterem Himmel zur Katastrophe kommen, wie in unserem Beispiel: Ein Hotelierspaar hatte seit mehr als 20 Jahren erfolgreich und in der Wahrnehmung der Gäste harmonisch ein 4-Sterne-Haus geführt, als die Frau plötzlich die Trennung wollte. Weil sie es ihrem Mann nicht ins Gesicht sagen konnte, hatte sie ihm einen Brief geschrieben, der ihn wie ein Schlag traf. In dem Brief stand, dass sie schon seit vielen Jahren keine Freude mehr an der Arbeit im Hotel hatte, dass sie das Gefühl hätte, alles würde ewig so weitergehen und dass sie keine positive Perspektive für ein gemeinsames Leben sah. Da wurde dem Mann klar, dass die beiden sich als Paar schon lange verloren hatten, aber auch, dass sie nie über einen gemeinsamen Zukunftsplan gesprochen hatten. Ein Fehler mit fatalen Folgen. Denn jeder will einen Sinn in seiner Arbeit und in seinem Leben finden. Und der entsteht, wenn ein klares Zukunftsbild da ist, was uns motiviert. Dann geht einem die gleiche Arbeit leicht von der Hand, die man vorher als eintönig und quälend empfunden hat. Aus dem demotivierten Wasserträger wird plötzlich ein begeisterter Rennfahrer, der all seine

Energie für das gemeinsame Ziel abruft. Und der kann vorübergehend auch sein Leistungsniveau über das normale Maß hinaus steigern, ohne sich hinterher ausgelaugt und kaputt zu fühlen. Wer seine Arbeit motiviert erledigt, ist auch selten Burn-out-gefährdet. Wir vergleichen das gern mit dem begeisterten Spiel von Kindern in den Ferien. Die sind oft zwölf Stunden draußen unterwegs. Da sagt man ja auch nicht: Spielen nur von 9–17 Uhr, sonst kommt der Burn-out! Die Identifikation mit einer gemeinsamen Vision setzt Kräfte frei, die vorher nicht da waren, und gibt unserem Leben Sinn. Das gilt für die Firma genauso wie für das Privatleben.

Was sagen Herz und Verstand dazu?

 Ich fühle mich richtig beschwingt seitdem, klar ist, wo wir in zehn Jahren stehen wollen.

Erst einmal sind das aber nur gute Vorsätze! Wer weiß denn schon, was daraus wird?

 Dass sich unsere Vorstellung von der Zukunft erfüllt, daran kann man ja täglich arbeiten.

Die Arbeit ist aber immer noch dieselbe wie letzte Woche, oder? Und da hast Du Dich noch über das Hamsterrad beklagt: immer das Gleiche und nichts geht voran.

 Das war letzte Woche! Und da wusste ich auch noch nicht, wo das alles hinführen soll. Jetzt, mit dieser neuen Perspektive, fühle ich mich einfach viel besser!

Das ist die Kraft des positiven Denkens!

Eine gemeinsame Vision trägt uns über die langen Phasen der Routine, die im Arbeitsleben und im Privatleben nun einmal den größten Teil der Zeit ausmachen. Routine ist auch nichts Schlechtes. Vieles, das einmal gelernt ist, läuft quasi automatisch ab. Das vereinfacht unser Leben und ist auch der Grund dafür, dass wir uns von einmal eingespielten Routinen so ungern verabschieden. Nun kann es aber passieren, dass Veränderungen notwendig werden. In der

Firma wäre zum Beispiel eigentlich eine neue Werkstatttechnik oder ein neues EDV-Programm nötig, um am Markt weiter mithalten zu können. Zu Hause müsste man eigentlich mal renovieren und der Garten hätte es auch mal nötig. Aber: „Das hat doch bisher wunderbar geklappt, warum nicht auch noch weiter?" Und: „Nein, das ist mir jetzt alles zu viel! Das bringt doch alles durcheinander!" und so weiter. Es gibt immer starke Beharrungskräfte, wenn etwas geändert werden soll. Was hilft uns da? Für Veränderungen gibt es zwei Auslöser: die gemeinsame Not oder die gemeinsame Vision. Die Not ist der schlechtere Auslöser, denn dann ist die Situation schon so verfahren, dass quasi eine Notoperation erforderlich wird. Besser ist es, wenn die Veränderung aus der gemeinsamen Vision heraus erfolgt: „Da wollen wir hin, das ist unsere Vorstellung von der Zukunft und dafür ist jetzt diese Veränderung nötig." Aber auch dann kann es Ängste und Vorbehalte geben, weil jede Veränderung auch ein Risiko ist. Manch einer wird sich auf den Standpunkt stellen: „Wenn wir nichts ändern, können wir auch nichts falsch machen!" Das passiert gerade in Unternehmen, die jahrzehntelang erfolgreich waren. Man trennt sich eben ungern von den Erfolgsrezepten der Vergangenheit. Wer dann wirklich an der alten Situation festhält und glaubt, so alles richtig zu machen, wundert sich zum Schluss manchmal, dass er trotzdem hinter dem Hauptfeld ins Ziel kommt. Und mit dem Festhalten am Status quo kommt man bei der Verwirklichung von Zukunftsplänen sowieso nicht voran. Natürlich sollen Ängste und Vorbehalte ernst genommen und ausgeräumt werden. Auf der anderen Seite müssen Unternehmerpaare hin und wieder auch Risiken eingehen. Das kennt doch jeder. Dazu gehört die Bereitschaft, die eigene Komfortzone auch einmal zu verlassen. Das kann beispielsweise eine Veränderung beim EDV-System sein. Das alte System kennt man seit zehn Jahren, es fehlen zwar einige heute übliche Funktionen, aber im Großen und Ganzen läuft es wie am Schnürchen und jetzt soll es durch ein neues ersetzt werden. Man verabschiedet sich aus einem eingespielten Gleichgewichtszustand und tritt in das vorübergehende Chaos der Umstellung ein. Aber eines ist beruhigend: Der Gleichgewichtszustand stellt sich bald wieder ein, nämlich dann, wenn die Schulung des neuen Systems erfolgreich gelaufen ist und man feststellt, dass alles wieder funktioniert und im Normalfall viel besser als vorher. Bei allen Veränderungsprozessen ist nicht die angestrebte neue Situation das Problem, sondern der Übergang von der alten zur neuen.

Einfaches Beispiel: Das erleben wir jeden Morgen. Wenn um halbsechs der Wecker klingelt, ist keiner wirklich begeistert. Einmal wach und aufgestanden, ist aber alles wieder o. k. Schlafen und Wachsein, das sind zwei uns wohl bekannte Gleichgewichtszustände. Damit kommen wir klar. Das Problem ist der Übergang, der Wecker und das Aufstehen selbst. So ist das mit allen Veränderungen. Man muss sich überwinden, um anzufangen, aber dann kommen die Motivation und die Begeisterung für das Neue mehr oder weniger von allein. Natürlich wollen die Risiken und die Kosten einer jeden Veränderung abgewogen und geplant werden, aber das ist für verantwortungsvolle Unternehmerpaare eine Selbstverständlichkeit.

Was sagen Herz und Verstand dazu?

 Du bist ja wohl verrückt geworden! Wir können doch nicht einen solchen Betrag für eine Maschine ausgeben. Wo soll das Geld denn herkommen?

Das Geld kommt von der Bank!

 Aber wir müssen das doch zurückzahlen. Wie soll das denn alles gehen?

Ich habe das mit dem Berater vom Hersteller genau durchgerechnet. Die Maschine verdient das Geld für ihre Finanzierung selber und noch viel mehr!

 Das würde ich ja gerne mal schriftlich haben! Und von einem anderen Fachmann bestätigt kriegen.

Das lässt sich machen. Wichtig wäre nur, dass, wenn Du zum Schluss überzeugt bist, mit mir zusammen zur Bank gehst. Wegen der Finanzierung.

Wir wissen, dass niemand Veränderungen liebt. Wir wissen aber auch, dass Veränderungen immer wieder notwendig sind und dass es dann meistens besser ist, schnell zu handeln, damit Innovationen rechtzeitig wirksam werden können. Also: Kräftig in die Pedale treten, wenn der Zwischensprint angesagt ist, und nicht einfach weiterstrampeln wie bisher!

Darum geht es bei der gemeinsamen Vision:

- Übersetzen Sie Ihre Zukunftsträume in eine erreichbare Vision!
- Sprechen Sie regelmäßig darüber, ob Sie nach wie vor an diese Vision glauben und an ihrer Realisierung arbeiten wollen!
- Wenn Veränderungen notwendig werden:
  - Setzen Sie sich dafür ein klares und verständliches Ziel!
  - Schätzen Sie Risiken, Kosten und Resultat möglichst genau!
  - Stellen Sie immer wieder den Zusammenhang zwischen der aktuellen Veränderung und der gemeinsamen Vision her!
  - Vermeiden Sie Überforderungen und nehmen Sie Ängste!
  - Seien Sie zugleich geduldig und hartnäckig!

In der **zweiten Hälfte** unserer Etappe befassen wir uns mit Zielen und mit Strategie. Wenn Sie sich über die gemeinsame Vision einig geworden sind, brauchen Sie Ziele, auf die Sie hinarbeiten können. Nun ist es mit dem Zielesetzen so eine Sache. Solange das Ziel nicht sehr präzise formuliert wird, bleibt es vage und niemand tut etwas zu seiner Verwirklichung. Sage ich beispielsweise: „Ich will ein besserer Mensch werden", ist das zunächst ein nur frommer Wunsch, der völlig unverbindlich bleibt. Verspreche ich aber aus eigener Überzeugung zum Beispiel, ab nächste Woche keine Spielschulden mehr zu machen und dazu den Umgang mit den anderen Zockern einzustellen, ist das ein sogenanntes smartes Ziel. Denn ein smartes Ziel ist:

S = Spezifisch … eindeutig definiert (so präzise wie möglich)
M = Messbar … messbar (Messkriterien?)
A = Akzeptiert … von allen akzeptiert (auch: attraktiv)
R = Realistisch … erreichbar, nicht utopisch, sondern realistisch
T = Terminiert … mit einer Zeitvorgabe verknüpft

Man könnte bei unserem oben genannten Ziel vielleicht Bedenken anmelden, ob es realistisch ist, wir lassen es trotzdem mal so stehen. Jetzt folgt je ein Beispiel für ein smartes Ziel aus den Feldern „ICH, ICH & DU und FIRMA":

Feld ICH	Feld ICH & DU	Feld FIRMA
Wunsch:	**Wunsch:**	**Wunsch:**
Ich möchte eine bessere Partnerin werden und nicht mehr so eifersüchtig sein.	Wir sollten privat mehr zusammen machen.	Es wäre schön, ein paar neue Kunden zu gewinnen.
Smartes Ziel:	**Smartes Ziel:**	**Smartes Ziel:**
Meine Eifersucht bekämpfe ich durch einen Kurs bei der VHS über Selbstwertgefühl, und zwar gleich im nächsten Semester.	Unser gemeinsames Hobby „Tanzen" üben wir jeden Sonntagabend von 18–20 Uhr in der Tanzschule Mustermann aus und buchen im November den angebotenen Tango-Kurs.	Wir gewinnen bis zum Jahresende fünf neue Kunden mit einem Gesamtumsatz von XX Euro. Dazu erstellen wir eine Adressdatei mit potenziellen Kunden in einem Umkreis von 50 km und entwickeln ein Akquisitionskonzept. Für die Akquise per Brief, Telefon oder E-Mail nimmt sich jeder von uns wöchentlich zwei Stunden Zeit.

Was sagen Herz und Verstand dazu?

 Ich finde das ja supernervig mit den smarten Zielen. An was soll ich denn noch alles denken? Reicht es nicht, wenn ich mir einfach was vornehme?

Im Prinzip schon, man muss sich nur auf sich selbst und auf die anderen Beteiligten verlassen können.

 Bei den anderen weiß ich das natürlich nicht, aber auf mich selbst kann ich mich 100-prozentig verlassen.

Hast Du noch nie etwas vor Dir hergeschoben?

 Ja schon, aber nur wirklich unangenehme Sachen. Und das macht doch wohl jeder, oder?

Hilft uns beim Erreichen der Ziele aber nicht weiter. Am besten ist es, wenn sich alle klar zu etwas verpflichten und sich auch daran halten.

 Mach' ich ja sowieso. Aber für die anderen kann das ganz sinnvoll sein!

Nun sei mal fair! Wenn wir das machen, dann alle. Und vielleicht fällt es Dir dann auch leichter, an die unangenehmen Sachen ranzugehen!

Versuchen Sie, mit smarten Zielen zu arbeiten! Unterstützen Sie sich dabei gegenseitig, denn die meisten Ziele werden Sie nur gemeinsam erreichen und dazu brauchen Sie die richtige Strategie.

Unser Arbeitsblatt „Strategische Ziele" finden Sie im Verzeichnis der Arbeitsmittel am Ende dieser Region auf Seite 65. Mit dem QR-Code gelangen Sie direkt zum Dokument auf **www.powerpaare.net**.

Strategie wird in kleinen Unternehmen oft für überflüssig gehalten. Ein gestandener Handwerksmeister, der einen Betrieb mit über 20 Mitarbeitern führt, antwortete uns letztlich auf die Frage nach seiner Strategie: „Strategie? Dafür haben wir gar keine Zeit. Es ist so viel zu tun, die Bürokratie frisst uns auf und die Personalsituation wird auch nicht besser. Der Laden läuft doch seit Jahren, wozu dann eine Strategie?" Das klingt erst einmal umwerfend logisch. Es gibt aber immer wieder Beispiele von Unternehmen, die genau mit dieser Grundhaltung zurückgefallen sind oder gar einen Sturz erlitten haben. Warum? Weil die Zeit nicht stillsteht. Techniken und Prozesse, Gesetze und Vorschriften, Kundenbedürfnisse und Erwartungen der Mitarbeiter wandeln sich in immer kürzeren Intervallen. So ändern sich ständig die Märkte und die Rahmenbedingungen für Firmen und ganze Branchen. Es gilt also, wachsam zu sein!

Der Einzelhandel ist mit der Online-Konkurrenz konfrontiert, weil der Kunde bequem und das Internet jederzeit verfügbar ist. Die Digitalisierung krempelt das Handwerk, die Gastronomie und die Landwirtschaft um. Ist es sinnvoll, mobile Geräte wie Tablets und Smartphones in die Betriebsabläufe zu integrieren? Immer und überall auf alle Daten zugreifen, kann nützlich sein. Im Handwerk ist der Umbruch im vollen Gange. Von der Zeiterfassung über die mobile Auftragsbearbeitung, Materialbestellung direkt auf die Baustelle, Dokumentation des Baufort-schritts, bei der Akquisition und der Präsentation der eigenen Firma, von Produkten und Farben, alles kann heute auf dem Tablet passieren, voll integriert in die Firmen-IT. Wer sich rechtzeitig umstellt, kann zu den Gewinnern gehören. Verlierer sind oft die Betriebe, die so weitermachen wie immer, weil sie an den Erfolgsrezepten der Vergangenheit festhalten. Einige dieser Betriebe sind heute schon nicht mehr am Markt.

Es fällt immer wieder auf, dass der Beginn einer Krise meistens völlig unbemerkt bleibt, weil es sich um Veränderungen im Umfeld der Firma dreht, die man zunächst für unbedeutend hält. Also wird nicht reagiert. Doch durch Marktveränderungen wird eine alte, vielleicht gar nicht bewusst gewählte, Erfolgsstrategie nach und nach falsch.

Ein Beispiel: Viele Handwerksbetriebe im Sanitär-Heizung-Klima-Gewerk bekommen seit einigen Jahren Schwierigkeiten mit dem alten Geschäftsmodell, das es ihnen erlaubte, an Armaturen, Duschkabinen und Sanitärkeramik Geld zu verdienen. Die Kunden finden heute auf Internet-plattformen sämtliche Marken, die es früher nur beim Sanitärgroßhandel gab. Und sie fragen sich, warum zum Beispiel haargenau die gleiche Küchenarmatur beim Handwerksbetrieb deutlich teurer ist als im Internet. Wer sich darüber keine Gedanken macht, verliert auf Dauer Kunden und vor allem Geld. Wie wird das strategische Ziel in diesem Fall aussehen? Eventuell so: „Wir wollen unsere Kunden weiter zufriedenstellen und unsere Marge nicht verschlechtern!" Und wie könnte die Strategie aussehen? Wir kennen Betriebe, die ihren Kunden den gleichen Preis wie im Internet anbieten und die für Einbau und Montage einen Preis verlangen, den der Kunde akzeptiert und der auf der anderen Seite den Betrieb nicht schlechter stellt als früher.

Wer nichts unternimmt und sich keine neue Strategie einfallen lässt, bekommt Probleme.

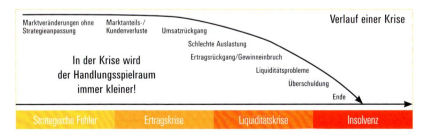

Bemerkt wird dann als Erstes der Verlust von Kunden und Marktanteilen, dann stellt man fest, dass kein Wachstum mehr da ist oder der Umsatz gar zurückgeht. Wer nicht spätestens dann alles auf den Prüfstand stellt, wird erleben, dass die Situation sich weiter verschlimmert und er immer weniger Möglichkeiten und Mittel hat, gegenzusteuern. Mangelnde Kapazitäts-auslastung wird zum Dauerproblem, die Erträge gehen zurück, manchmal dramatisch in Form eines regelrechten Gewinneinbruchs, plötzlich ist die Liquidität knapp, Gehälter und Sozial-abgaben können nur noch mit Mühe gezahlt werden, und zum Schluss folgen Überschuldung und Insolvenz.

Was kann man daraus lernen? Es gehört zu einer verantwortungsvollen Unternehmensführung, die Strategie regelmäßig zu überprüfen, auch oder gerade dann, wenn alles gut läuft.

Was sagen Herz und Verstand dazu?

 Ich finde, es läuft alles richtig gut, und das schon seit Jahren, das macht mich wirklich glücklich und stolz und beweist doch, dass wir alles richtig gemacht haben, oder?

Das stimmt, das macht mich auch glücklich und stolz. Ich weiß nur nicht, ob das alles so weitergeht.

 Was soll denn die Schwarzmalerei? Freue Dich doch einfach mal!

Ja, tue ich ja. Ich bin aber irgendwie unruhig. Man liest so viel über Veränderungen und neue Trends. Und letztlich hat mir ein Kunde gesagt, wir würden die Armaturen aber verdammt teuer einkaufen, im Internet wäre das viel billiger.

 Du kriegst es immer wieder hin, mir die Laune zu verderben und mir Angst zu machen. Was sollen wir denn Deiner Meinung nach tun?

Wir müssen nichts überstürzen und ich will Dir auch keine Angst machen. Aber wir sollten vorsichtshalber einen Strategietag machen, mal alles durchdenken, vielleicht mit einem ausgewiesenen Branchenexperten. Ich will nur sicher sein, dass wir auch weiter alles richtig machen.

O. k., nachdenken ist ja Dein Ding, aber ich sage Dir dann, ob sich das alles auch richtig anfühlt!

Was sind die Themen eines Strategie-Checks? Das sind zehn Punkte*:

1. Vision, Leitbild, Markenkern
2. Alleinstellungsmerkmal
3. Kundennutzen
4. Kernkompetenz
5. Zielgruppe(n)
6. Kernprozess(e)
7. Kundengewinnung
8. Finanzplan
9. Wettbewerbssituation
10. Strategieüberwachung

* Nach Alchimedus® AQM-Strategie-Check

Für jeden dieser Punkte setzt man sich ein oder mehrere strategische Ziele. Für Ihre Strategie-arbeit haben wir den Arbeitsbogen „Strategische Ziele" entwickelt. Sie finden ihn im Verzeichnis der Arbeitsmittel am Ende dieser Region auf Seite 65. Mit dem QR-Code gelangen Sie direkt zum Dokument auf **www.powerpaare.net**.

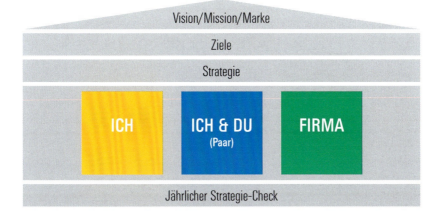

Im Privatleben sieht die Situation im Prinzip nicht anders aus als im Betrieb. Auch hier bleibt nichts wie es einmal war: der Immobilienmarkt, die Zinsen, die Kita-Situation und die Schulgesetzgebung, die eigene Gesundheit, vielleicht auch die der Eltern, und vieles mehr. Zusätzlich ändern sich die strategischen Fragestellungen im Laufe des Lebens. Ein junges Paar überlegt sich, ob es Kinder haben möchte und wie man den Spagat zwischen Firma und Familie schaffen will. Vielleicht geht es auch um die Wohnsituation. Will man nah an der Firma wohnen oder vielleicht doch ein Stück entfernt? Hat man vor, in eine Immobilie zu investieren? Was ist mit Eltern und Schwiegereltern? Hat man dann irgendwann mal die 50 überschritten, kommt als wichtiges strategisches Thema die Nachfolgefrage ins Spiel. Sind Kinder da, die Interesse haben? Sucht man einen familienfremden Nachfolger? Zu welchen Bedingungen steigt der ein? Wie hängt das Thema mit der eigenen Altersvorsorge zusammen? Wie lange will/soll man dem Nachfolger noch zur Seite stehen? Wann ist definitiv Schluss mit der Arbeit?

Sie sehen schon, auch im Privatleben geht es nicht ohne eine gemeinsame Vision und Ziele. Wer sich treiben lässt, ist irgendwann da, wo er nicht hinwollte. Und nebenbei: Es macht Spaß, sich gemeinsam die Zukunft auszumalen. Strategische Fragen im Privatleben betreffen Dinge, die man lange vorausplanen mus,s oder Entscheidungen, die langfristige Konsequenzen haben. Jeder sollte eine Vorstellung davon haben, wo er in zehn Jahren stehen möchte und was ihm oder ihr im Leben wichtig ist. Bei einem Unternehmerpaar braucht es eine gemeinsame langfristige Perspektive, zu der beide aus vollem Herzen „Ja" sagen können. Planlosigkeit führt in eine Negativspirale.

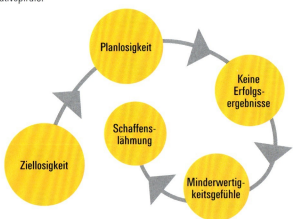

Kennen Sie die „Löffelliste"? Das ist eine Liste der Dinge, die man noch machen möchte, bevor man „den Löffel abgibt". Alles kann man nicht auf die Minute planen, aber man darf es auch nicht dem Zufall überlassen, indem man sich einfach treiben lässt. Also ist unsere Antwort auf die Frage, ob man eine Strategie im Privatleben braucht, ganz klar „ja!". Das gibt Perspektive und Orientierung.

Was sagen Herz und Verstand dazu?

 Ich hätte gern ein großes Haus, drei Kinder, einen florierenden Betrieb und jedes Jahr sechs Wochen Urlaub!

Ich auch.

 Ja, und warum legen wir nicht los?

Alles auf einmal wird nicht gehen. Wir müssen uns erst einmal auf eine Reihenfolge einigen.

 O. k., den Betrieb übernehmen wir von den Eltern, das erste Kind kommt in ein paar Monaten, da fehlen nur noch das Haus und der Urlaub.

Wir sollten mal mit dem Urlaub anfangen. Zwei Wochen schaffen wir dieses Jahr, weil die Eltern sich ja noch um den Betrieb kümmern können.

 Besser als gar nichts, drei Wochen wären mir natürlich lieber! Und was ist mit dem Haus?

Wo soll das denn stehen? Auf dem Betriebsgrundstück oder besser nicht? Wir sprechen nächste Woche mal mit einem Makler und lassen uns beraten.

 Super, ich habe da schon sehr präzise Vorstellungen!

Bei Unternehmerpaaren sind die geschäftliche und die private Strategie gar nicht eindeutig zu trennen. Alles hängt irgendwie mit allem zusammen. Es kommt also darauf an, sowohl die eigenen persönlichen Bedürfnisse als auch die Belange der Paarbeziehung und schließlich die Anforderungen der Firma zu berücksichtigen. Wenn Sie diese drei Aspekte im Blick behalten und sich regelmäßig darüber austauschen, haben Sie eine echte Chance, glücklich und erfolgreich durch das Leben zu kommen. Und weil das so wichtig ist, führt unsere Tandemtour auch durch die drei Regionen ICH, ICH & DU und FIRMA.

Unsere Checkliste „Strategie" finden Sie im Verzeichnis der Arbeitsmittel am Ende dieser Region auf Seite 65. Mit dem QR-Code gelangen Sie direkt zum Dokument auf **www.powerpaare.net**.

Darum geht es beim Thema Ziele und Strategie
- Ziele immer SMART formulieren!
- Beide eine persönliche Löffelliste aufstellen!
- Strategische Schieflagen rechtzeitig erkennen, um Krisen zu vermeiden!
- Notwendige Veränderungen zügig einleiten!
- Risiken von Veränderungen sorgfältig einschätzen und beachten!
- Eine Strategie für Firma und Privatleben entwickeln!
- Strategien regelmäßig überprüfen, unsere Empfehlung: einmal jährlich einen Strategie-Check durchführen!

Und zum Schluss der Etappe unsere Lieblingsfrage: Was hat die gemeinsame Vision, was haben Ziele und Strategien mit unserer Haltung zu tun? Die Antwort klingt ein bisschen philosophisch. In der heutigen Zeit eilen wir oft richtungslos von einer aktuellen Anforderung zur nächsten. Kaum jemand sieht sein Leben als ein sinngebendes Ganzes aus Erfahrungen, verschiedenen Abschnitten und als sich selbst vollendende Erzählung. Viele Unternehmerpaare haben keine gemeinsame Vision, keine klaren Ziele und keinen strategischen Plan, weder in der Firma noch im Privatleben.

Vision, Ziele und Strategien helfen uns dabei, unser Leben zu sortieren und unsere Kräfte zu konzentrieren. Wir leben einfach bewusster. Dadurch bleiben die Ereignisse, Situationen und Menschen, die uns täglich begegnen, keine sich immer wieder selbst auflösenden Bilder, sondern fließen bewusst in unseren persönlichen Erfahrungsschatz ein, weil wir alles besser einordnen können. Dazu muss man auch mal innehalten. Einmal durchatmen und sich fragen, wo komme ich her, wo will ich hin und was ist der Sinn des Ganzen? Den finden wir am besten in einem gemeinsamen Zukunftsbild, einer Vision. Also nicht einfach in den Tag hineinleben, sondern die Haltung entwickeln, dass die Tagesarbeit und unsere täglichen Erlebnisse ein Beitrag zur Erfüllung unseres Lebensplanes sind. Und wenn das nicht der Fall ist, mit dem Partner darüber sprechen. So schafft man sich selbst Sinn in der Arbeit und im Leben.

3. Etappe: Verantwortlichkeiten & Lebensrollen

Streckenprofil: Verantwortung übernehmen oder abgeben, Verantwortungsbereiche absprechen und respektieren, individuelle Fähigkeiten, Vorlieben und Abneigungen berücksichtigen, Lebensbereiche ordnen und Lebensrollen überprüfen.

Auf dieser 3. Etappe schauen wir auf unseren Alltag. Mit was verbringen wir unsere Zeit? Für was sind wir zuständig? Wir sortieren unser Leben ein wenig, stellen bequeme Gewohnheiten infrage und sorgen dafür, dass wir unsere Kräfte bündeln können. Dann geht es uns besser und wir steigern unseren Wirkungsgrad. Am Anfang der Etappe geht es bergauf. Das ist anstrengend. Aber zum Schluss fahren wir mit Rückenwind auf einer leicht abschüssigen Strecke fröhlich dem Etappenziel entgegen.

Auf der **ersten Halb-Etappe** befassen wir uns mit Verantwortlichkeiten. Das ist ein hartes Wort. Denn verantwortlich sein bedeutet, für ein Ergebnis den Kopf hinhalten zu müssen. Aber erst durch seine Fähigkeit, Verantwortung zu übernehmen, wird ein Mensch zur ernst zu nehmenden und mündigen Person. Verantwortung kann man übernehmen, abgeben oder auch ablehnen. Man kann sich auch weigern, überhaupt Verantwortung zu tragen, und das den anderen überlassen. Damit gibt man die Kontrolle über das eigene Leben ab, kann nichts gestalten und wird in seiner persönlichen Entwicklung komplett von anderen abhängig. Bevor wir auf die Aufgaben und Dinge zu sprechen kommen, für die man verantwortlich sein kann, wollen wir auf die Menschen schauen, für die wir Verantwortung tragen. Wer ist das? Das sind zunächst wir selbst und dann Personen, die in irgendeiner Weise von uns abhängig sind, also vor allem Kinder, aber auch Mitarbeiter und ein wenig auch unser Partner.

Die Verantwortung für uns selbst heißt Eigenverantwortlichkeit. Bei dem Punkt verweilen wir nun ein bisschen, denn schließlich fahren wir durch die ICH-Region. Eigenverantwortlichkeit bedeutet, dass wir selbst dafür verantwortlich sind, dass es uns gut geht, dass wir unsere Ziele erreichen und dass wir ein glückliches Leben führen. Das wird jetzt nicht bei jedem Leser Zustimmung finden. Eigenverantwortlichkeit ist nämlich mit einer gewissen Härte verbunden, weil plötzlich alle Ausreden und Entschuldigungen wegfallen. Es sind nicht mehr die anderen, die alles schuld sind: „Die Kinder haben mich von der Arbeit abgehalten, deswegen habe ich das nicht geschafft", oder „Mein Vater hat mir nie gezeigt, wie man sich richtig rasiert, deswegen kann ich das nicht", oder „Ich habe mich so über den Kunden geärgert, dass ich den Rest des Tages nichts mehr geschafft habe" oder „Ich hatte zu viel Beziehungsstress, deswegen habe ich keinen Meister gemacht und komme heute nicht weiter". Nein, nicht die anderen, wir sind selbst verantwortlich. Wir haben uns von den Kindern stören lassen, wir haben uns nicht selbstständig informiert, wie Nassrasieren geht, wir haben zugelassen, dass ein Kundenverhalten in unserem Innenleben Ärger auslöst, wir haben uns irgendwann gegen die Meisterschule entschieden. In unserer Selbstwahrnehmung waren die anderen schuld. Sie hatten quasi die Macht über uns: die Kinder, der Vater, der Kunde oder der Beziehungsstress. Wir lehnen die Verantwortung für uns selbst ab, fühlen uns dabei schlecht, ärgern uns oder fallen in einen Schmerz zurück, der uns vielleicht schon seit Jahrzehnten behindert. Es gibt Menschen, die ihr ganzes Leben darunter leiden, dass ihre Eltern früher etwas falsch gemacht haben. So verständlich das zunächst sein mag, von einem bestimmten Moment an liegt es in unserer Hand, diese Dinge hinter uns zu lassen, die Nabelschnur zu kappen und in die Zukunft zu schauen. Insofern sind wir unseres Glückes Schmied und für uns selbst verantwortlich. Niemand kann dafür sorgen, dass wir uns schlecht fühlen, wenn wir das nicht erlauben. Und wenn wir selbst entscheiden, ob uns jemand schlechte Gefühle bereiten kann oder nicht, heißt das gleichzeitig, dass wir auch nicht für die Gefühle von anderen verantwortlich sind. Jeder macht seine Gefühle selbst. Wir sind für unser Handeln verantwortlich, aber nicht für die Gefühle anderer Menschen. Das ist kein Freibrief für Rücksichtslosigkeit und wir sollten auf unser Verhalten achten. Aber wenn jemand auf die Palme geht vor Wut und Ärger, haben wir vielleicht die Palme hingestellt, hochgeklettert ist der andere.

Was sagen Herz und Verstand dazu?

 Sich nicht ärgern, das sagt sich alles so leicht. Aber wenn es so weit ist, ärgere ich mich doch immer wieder.

Und ich ärgere mich mit und schmiede in meiner Phantasie Rache- oder Fluchtpläne.

 Das hört sich jetzt so an, als ob wir da nicht rauskommen!

Es sei denn, einer von uns würde es schaffen, im richtigen Moment Einspruch zu erheben oder die Notbremse zu ziehen.

 Wie soll das denn gehen?

Vielleicht, indem wir uns einfach vornehmen, dass uns niemand gegen unseren Willen schlechte Gefühle machen kann. Und wenn er noch so fies oder gemein ist.

 Wir leiden nicht, auch wenn es wehtut? Der Indianer kennt keinen Schmerz? Ist das so einfach?

Einfach ist das sicher nicht, aber richtig: Schmerz ist eine Tatsache, Leiden ist optional. Das entscheiden wir selbst.

Versuchen Sie, negative Gefühle loszuwerden und für sich positiv zu wenden. Oft gibt es Dinge, über die man sich immer wieder ärgert und damit Energie verschwendet. Oder alte Geschichten, die immer wieder hochkochen und unter denen man auch nach vielen Jahren immer noch leidet. Schreiben Sie diese Dinge auf und überlegen Sie, was Sie dagegen tun können. Vielleicht können Sie mit bestimmten Personen ein klärendes Gespräch führen, eventuell können Sie bestimmten Situationen/Personen aus dem Weg gehen, möglicherweise hilft es auch, wenn Sie Ihre eigene Haltung zu Dingen oder Personen ändern. Insbesondere von alten Verletzungen aus längst vergangenen Zeiten sollten Sie sich nicht länger lähmen lassen. Denken Sie an Ihre Eigenverantwortlichkeit und schauen Sie nach vorn!

Unseren Arbeitsbogen „Die Ärger- und Klageliste" finden Sie im Verzeichnis der Arbeitsmittel am Ende dieser Region auf Seite 65. Mit dem QR-Code gelangen Sie direkt zum Dokument auf www.powerpaare.net.

Zur Eigenverantwortlichkeit gehört auch, dass wir hin und wieder für uns persönlich richtungs-weisende Entscheidungen treffen müssen. Schwerwiegend sind die Berufswahl und natürlich die Partnerwahl. Wichtige Entscheidungen wären zum Beispiel: ein größerer Kredit, der Verkauf der eigenen Firma, eine zeitaufwendige oder teure Weiterbildung, der Bruch mit einem Freund oder Familienangehörigen. Unsere Entscheidungen sind nicht immer richtig und es gibt auch Entscheidungen, die man nicht rückgängig machen kann und die wir dann bereuen. Das ist aber kein Grund dafür, keine Entscheidungen zu treffen. Das wäre der Verlust unserer Freiheit, die ja bedeutet, sich ohne Zwang zwischen verschiedenen Möglichkeiten entscheiden zu können. Aus falschen Entscheidungen kann man für die Zukunft lernen. Wenn ich aber Entscheidungen immer anderen überlasse, verliere ich die Kontrolle über mein Leben und das ist ungefähr das Gegenteil von Eigenverantwortlichkeit.

Was ist nun mit unserer Verantwortung für andere Personen? Zunächst ist jeder für sich selbst verantwortlich. Es sei denn, er ist auf Hilfe angewiesen oder von uns abhängig. Hilfe brauchen zum Beispiel Kinder, Behinderte, Alte und Kranke. Bei Kindern ist die Sache klar. Sie sind auf uns angewiesen und niemand käme auf die Idee, einem Dreijährigen zu sagen: „Es ist Zeit, dass Du lernst, Verantwortung zu übernehmen. Jetzt sorge mal selbst dafür, dass Du heute etwas zu essen bekommst!" Bei Kranken und Behinderten liegt eine dauerhafte oder vorübergehende Abhängigkeit vor, die uns ebenfalls in die Verantwortung nimmt. In der Firma sind es die Mitarbeiter, für die wir in mancher Hinsicht Verantwortung tragen, weil sie von bestimmten Entscheidungen der Geschäftsleitung abhängig sind. Das Stichwort lautet dann „soziale Verantwortung", und die ist, unabhängig von unserer Entscheidungsmacht, im Arbeits- und Sozialrecht sogar kodifiziert. Auf dem Feld der Verantwortlichkeiten für andere Personen sind die Verhältnisse also recht klar.

Die Verantwortlichkeiten für Dinge und Aufgaben führen bei Unternehmerpaaren auf das Feld der Arbeitsteilung. Das wird mal mehr, mal weniger diskutiert. Unsere Interviewfrage zu diesem Thema lautet: „Haben Sie eine klare Absprache über Verantwortungsbereiche und Aufgaben in Firma, Partnerschaft und Haushalt und können Sie sich darauf verlassen, dass sie einge-halten wird?"

In der Firma sind nach unserer Erfahrung die Verantwortlichkeiten in den allermeisten Fällen klar verteilt.

  REGION 3

Der positive Effekt von eigenen Verantwortungsbereichen ist, dass jeder in seinem Bereich versuchen wird, so erfolgreich wie möglich zu handeln, um den persönlichen Erfolg auch zu genießen. Das ist eine ganz große Motivation. Der eigene Verantwortungsbereich erlaubt in gewissen Grenzen so etwas wie Selbstverwirklichung und ist ein entscheidender Faktor für die Arbeitszufriedenheit bei beiden Partnern. All das kommt zum Schluss der Firma zugute.

> **Wichtig ist dabei Folgendes:**
> - Jeder braucht einen klar definierten Zuständigkeitsbereich, in den der andere auch nicht hineinregiert.
> - Die besonderen Kenntnisse, Fähigkeiten und Vorlieben beider Partner sollten dabei berücksichtigt werden.
> - Die übertragene Verantwortlichkeit wird dadurch eingeschränkt, dass man verabredet, sich bei wichtigen Vorkommnissen abzustimmen, und durch finanzielle Obergrenzen bei Entscheidungen.

Mehr Diskussionen gibt es manchmal bei der Arbeitsteilung im Privatleben, also bei der Verteilung der häuslichen Pflichten wie Einkaufen, Kochen, Wäsche, Kinderbetreuung, Gartenpflege, persönliche Administration wie Finanzen, Versicherungen, Steuern etc. und schließlich bei der Zuständigkeit für die Pflege der privaten sozialen Kontakte zu Freunden, Verwandten oder Nachbarn.

Auch wenn Unternehmerpaare oft Helfer in Haushalt oder Garten verpflichten und natürlich auch mit dem Steuerberater oder Bankberater zusammenarbeiten, bleibt doch eine Menge Arbeit übrig, die man nicht delegieren kann. Und da gilt im Prinzip das Gleiche wie in der Firma. Also klare Zuständigkeiten, Fähigkeiten und Vorlieben (vielleicht auch Abneigungen) berücksichtigen und im Zweifelsfall miteinander reden. Wir vergessen nie die Situation, als ein Handwerksmeister auf unsere Interviewfrage nach den Absprachen zu Verantwortungsbereichen so antwortete: „Ja, klare Absprache haben wir. Und meine Frau kann sich auch darauf verlassen, nämlich darauf, dass ich im Haushalt nichts mache!" Das hörte sich erst einmal etwas machomäßig an, es stellte sich dann aber heraus, dass diese Arbeitsteilung einvernehmlich war und dass der Mann im Gegenzug andere Aufgaben übernommen hatte. Letztlich sind wir über die Idee gestolpert, die Arbeiten im Haushalt alle drei Monate neu zu verteilen. Das kann eine gute

Regelung sein, wenn die Kinder schon groß genug sind, ebenfalls Aufgaben zu übernehmen. Man darf aber nicht darüber hinwegsehen, dass es im Haushalt auch um hoch qualifizierte Arbeiten geht (zum Beispiel Kochen, wenn es schmecken soll), die man nicht so einfach umverteilen kann.

Neben der Diskussion über die häusliche Arbeitsteilung gibt es oft unterschiedliche Auffassungen darüber, welche Arbeiten überhaupt notwendig sind und in welchem zeitlichen Rhythmus sie erledigt werden müssen. Da sind es im Haus meistens die Frauen, die einen höheren Anspruch haben. Damit setzen sie sich natürlich auch selbst unter Druck. Man muss sich ja nicht gleich auf den Standpunkt der jungen Schauspielerin stellen, die es in der Sendung „Kölner Treff" partout nicht einsah, dass man Betten machen muss, wo man sich doch abends sowieso wieder reinlegt. Aber die Auffassung „Wir putzen keine sauberen Treppen" aus dem Film „Wir sind die Neuen" ist zumindest mal ein Nachdenken wert. Muss man wirklich jedes Mal den Hof fegen, wenn sich Besuch angesagt hat? Muss man nach dem Kochen zwingend die Küche durchwischen? Müssen die Fenster alle vier Wochen geputzt werden? Sollte man zur Entlastung vielleicht doch eine Putzfrau einstellen? Auch wenn die das natürlich alles nicht so gründlich macht wie die Chefin selbst. Da kann man über so manches diskutieren. Jedes Unternehmer-paar wird da seinen Weg finden. Wichtig ist dabei die Frage, ob man für private Arbeiten Dankbarkeit erwarten darf.

Unser Beispiel: Thomas hatte den ganzen Samstag im Garten gearbeitet und war stolz auf das Ergebnis. Seine Frau hat den Unterschied erst einmal gar nicht gesehen. Thomas war enttäuscht, er hatte Dankbarkeit erwartet, zu Recht oder zu Unrecht? Um diese Frage zu beantworten, muss man wissen, für wen hat Thomas den Garten in Schuss gebracht?
Erste Möglichkeit: Er hat es für seine Frau gemacht, weil er weiß, wie wichtig ihr ein gepflegter Garten ist. Dann könnte er Dankbarkeit erwarten und wäre zu Recht enttäuscht, wenn seine Frau diese Arbeit nicht wertschätzt.
Zweite Möglichkeit: Er hat es für sich selbst gemacht, weil er ein Herz für Pflanzen und Blumen hat, der gepflegte Garten ihm wichtig ist (und seiner Frau nicht) und ihm die Gartenarbeit auch Spaß macht. Dann wäre es unaufrichtig, dafür Dankbarkeit einzufordern. Dann sagt man besser: „Das habe ich gern gemacht, war eine Menge Arbeit, aber ich freue mich, dass jetzt wieder alles o. k. ist." Vielleicht kommt der Dank dann ganz von alleine.

Was sagen Herz und Verstand dazu?

Das scheint ja ganz gut zu laufen mit der Arbeitsteilung bei unserem Chef und seinem Partner.

 Na ja, hin und wieder spüre ich schon noch ein paar negative Schwingungen. Ich weiß noch nicht, woran das liegt.

Ich glaube, die Geschichte ist einfach unheimlich schwierig. Jeder hat seine Vorlieben und Abneigungen. Auf der einen Seite ist eben der Betrieb mit seinen Notwendigkeiten, auf der anderen Seite sind die häuslichen Aufgaben, die auch gemacht sein wollen. Das passt manchmal eben nicht.

 Du meinst, ein bisschen Quälerei ist immer?

Ja, Arbeit heißt eben Arbeit und hat auch weniger angenehme Seiten. Auf der anderen Seite habe ich letztlich gelesen, dass jede Art von Arbeit sinnstiftend sein kann*. Je nachdem, welche Haltung man da einnimmt, kommt man besser oder schlechter zurecht.

 Zurechtkommen? Wenn es sich schlecht anfühlt, komme ich damit auch schlecht zurecht.

Noch einmal genauer: Wenn wir ein bisschen an der Haltung zu den ungeliebten Aufgaben arbeiten, könnten wir negative Gefühle vermeiden. Du weißt ja: Die machen wir selbst!

 Versuch's mal. Ich bin gespannt!

* Studie von Catherine Bailey und Adrian Madden, veröffentlicht 1. Juni 2016 im MIT Sloan Management Review

Zum Schluss noch ein wichtiger Aspekt der Verantwortlichkeiten, der uns persönlich das Leben leichter machen kann. Insofern also ein ICH-Thema, obwohl es sich auf die Arbeitswelt bezieht.

In vielen kleinen Firmen hat der Chef das Gefühl, für alles verantwortlich zu sein. Der Handwerker hetzt beispielsweise von Baustelle zu Baustelle, beantwortet zwischendurch immer wieder telefonische Fragen seiner Mitarbeiter, muss dann wieder ins Büro und schließlich noch schnell bei einem Bauträger vorbei, um sein Unternehmen vorzustellen. Manche Dinge muss er selbst machen, das sieht er auch ein. Aber viele Kleinigkeiten, die an ihn herangetragen werden, stören ihn und er fühlt sich schlecht, weil er sich um wichtige Zukunftsthemen nicht kümmern kann. Obwohl er täglich 12–14 Stunden arbeitet, kommt er nicht dazu, über seine Strategie nachzudenken und neue Ideen zu entwickeln. Er fragt sich manchmal: „Muss man denn hier alles selber machen?" Aus dem gleichen Grund schafft er es nicht, sich ausreichend um Familie, Freunde und sein Hobby zu kümmern. Was ist zu tun? Tatsache ist, dass die Mitarbeiter in kleinen Unternehmen oft zu wenig Verantwortung übernehmen. Das zu ändern ist allerdings nicht so einfach und hat auch oft mit dem Chef selbst zu tun. Warum? Weil er sich schwertut, Verantwortung abzugeben. Das hat mit der durchaus berechtigten Befürchtung zu tun, dass dann auch Fehler passieren können. Aber es ist der einzige Weg. Mitarbeiter sind ja in der Regel nicht zu dumm, um Verantwortung zu übernehmen. Das tun sie ja im Privatleben auch. Sie organisieren ihre Familien, sie bauen Häuser, sie haben anspruchsvolle Hobbys, übernehmen Verantwortung in der Politik oder in Vereinen. In der Firma liegt es am Chef, ob er ihnen aktiv Verantwortung überträgt und sagt: „Das ist jetzt Dein Projekt und in diesem Rahmen kannst Du auch selbst entscheiden." Da wird am Anfang auch mal was schiefgehen, aber wer aus Fehlern lernt und denselben nicht zweimal macht, wird immer selbstständiger und zu einer echten Entlastung für den Chef. Mit jedem Projekt hat er sein Erfolgserlebnis, was ihn wieder stärkt und weiter motiviert.

Wie gelingt das Abgeben von Verantwortung an die Mitarbeiter?

1. Klarmachen, dass die Firma von den Mitarbeitern erwartet, mehr Verantwortung zu übernehmen
2. Verantwortung in jeden Einzelfall aktiv und klar übertragen
3. Eine positive Fehlerkultur schaffen, nicht den Kopf abreißen, sondern lernen lassen
4. Gute Leistungen wertschätzen, Mitarbeiter weiterbilden und fördern

Was sagen Herz und Verstand dazu?

 Mir wird richtig schlecht, wenn ich mir vorstelle, dass unser junges Team bei dem Kunden einen Fehler macht.

Ein bisschen Kopfzerbrechen macht mir das auch.

 Dann lass' uns doch Schluss machen mit dem Experiment und wir kümmern uns wieder selber um alles!

Das führt dann aber dazu, dass wir wie früher wieder nur rumhetzen, so gut wie keine Freizeit haben und den Laden auch nicht voranbringen.

 Bei dem Gedanken fühle ich mich kein bisschen besser. Was sollen wir denn nun machen?

Wir riskieren es einfach und setzen darauf, dass alles klappt. Die Leute sind gut, sie werden das zum Schluss schon wuppen!

 Na gut, aber hab' Du mal ein Auge drauf! Ich bin zu nervös.

Geht klar!

Darum geht es beim Thema Verantwortlichkeiten:

- Verantwortung für sich selbst übernehmen
- Durch eigene Entscheidungen sein Leben selbst gestalten
- Für falsche Entscheidungen vor sich selbst die Verantwortung übernehmen, aber nicht in Schuld versinken, sondern dazulernen
- Nicht zulassen, dass andere uns schlechte Gefühle verursachen
- Verantwortung für das eigene Handeln übernehmen, aber nicht für die daraus entstehenden Gefühle anderer

- In der Firma für eine gerechte und akzeptable Arbeitsteilung sorgen und die auch bei Kunden und Mitarbeitern bekannt machen
- Auch im Privatleben Verantwortungsbereiche definieren und aufteilen
- Verantwortung an Mitarbeiter abgeben, um sich selbst zu entlasten

Im **zweiten Streckenabschnitt** wollen wir klären, was es mit Lebensrollen auf sich hat. Rollen kennt man vom Film und vom Theater, aber was ist das eigentlich? Michael gefällt sich in der Vermittlerrolle, Thomas spielt gern die Clownsrolle, Barbara genießt die Chefrolle, Gisela lehnt die Mutterrolle ab; lauter Aussagen, die wir so nebenbei hören oder treffen. In der Soziologie ist eine Rolle immer mit Rollenerwartungen verbunden, also mit Ansprüchen unseres sozialen Umfeldes an unser Verhalten oder an unser äußeres Erscheinungsbild. Wird der Rolleninhaber diesen Erwartungen nicht gerecht, folgen Sanktionen des sozialen Umfeldes. Das kann von Missbilligung bis zum Ausschluss aus der entsprechenden Gruppe reichen. Lebensrollen sind nun die Rollen, die wir in unserem täglichen Leben regelmäßig einnehmen und ausführen. Dabei bewegen wir uns alle in unterschiedlichen Lebensbereichen, zum Beispiel in Beruf und Firma, in Partnerschaft und Familie, unter Freunden und Nachbarn, in Politik und Vereinen und so weiter. In jedem dieser Lebensbereiche spielen wir eine oder mehrere Rollen. Das könnte zum Beispiel so aussehen:

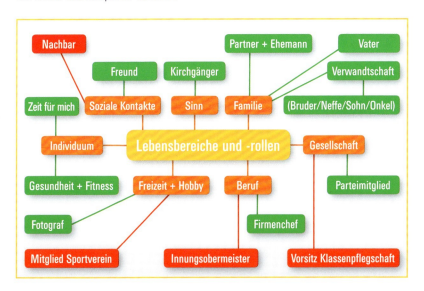

Nun ist es so, dass wir meistens mehr Rollen im Leben haben, als uns bewusst ist. Unser Beispiel geht von vergleichsweise wenigen Rollen aus. Es können leicht mehr sein. Wir haben es hier mit sieben Lebensbereichen und 17 Rollen zu tun, wenn man alle mitzählt, auch die vier Rollen, die wir später unter „Verwandtschaft" zusammengeführt haben, und auch die rot eingefärbten Rollen, die abgegeben werden sollen.

Ein anderes Beispiel: Eine Unternehmerfrau war Chefin, Buchhalterin, Landesvorsitzende der Unternehmerfrauen, Mutter, Ehefrau, Tochter, Schwester, beste Freundin, Kummerkasten, Parteimitglied, Gemeinderatsmitglied, Mitglied im Pfarrgemeinderat und Kassenführerin bei der Klassenpflegschaft ihrer Tochter. Das waren dann 14 Rollen. Mit der Zahl der Rollen steigt die Gefahr der Überforderung und der Demotivation. Besonders dann, wenn wir uns die Rollen nicht ausgesucht haben und diese auch nicht gern spielen.

Wir wollen Ihren Lebensrollen nun einmal auf den Grund gehen. Versuchen Sie doch mal, Klarheit über Ihre Rollen zu gewinnen! Unseren Arbeitsbogen zur Ermittlung Ihrer Lebensrollen finden Sie im Verzeichnis der Arbeitsmittel am Ende dieser Region auf Seite 65. Mit dem QR-Code gelangen Sie direkt zum Dokument auf **www.powerpaare.net**.

Erster Schritt: In welchen Lebensbereichen bewegen Sie sich? Wo sind Sie besonders aktiv und gefordert? Im Arbeitsbogen ist bereits eine Auswahl an Lebensbereichen vorgegeben.

- Firma und Beruf
- Familie und Partnerschaft
- Soziale Kontakte (Freunde, Nachbarn)
- Verwandtschaft
- Gesellschaft und Öffentlichkeit
- Hobby und Freizeit
- Individuum ICH
- Sinn (Religion und Spiritualität)

Es können durchaus noch andere Bereiche existieren, die für Sie wichtig sind. Wählen Sie einfach die Bereiche aus, die für Sie relevant sind, und ergänzen Sie, was Ihnen fehlt.

Zweiter Schritt: Überlegen Sie, welche Rollen Sie in den Bereichen spielen oder zu spielen haben. Schreiben Sie diese Lebensrollen nun in die zweite Spalte des Arbeitsbogens neben die betreffenden Lebensbereiche. Bevor Sie weitermachen, lesen Sie noch folgende Erläuterungen.

Im Zeit- und Selbstmanagement geht man davon aus, dass jeder von uns maximal sieben Lebensrollen haben sollte. Oft nehmen uns die beruflichen Rollen schon so in Anspruch, dass für Familie, Gesundheit, Hobbys oder kulturelle Interessen wenig Zeit übrigbleibt. Eine Reduktion unserer Rollen auf sieben kann der Weg sein, die Hektik, über die viele klagen, zu verringern. Der Weg ist, sich auf das <u>für uns</u> Wesentliche zu beschränken.

Deswegen unser **dritter Schritt:** Überlegen Sie mal, welche Ihrer Rollen ist für Sie mit welchen Gefühlen verbunden? Meistens ist es so, dass Sie sich einige dieser Rollen gar nicht ausgesucht haben, sondern dass andere diese an Sie herangetragen haben. Manche Rollen ergeben sich quasi von selbst, so zum Beispiel der Kummerkasten oder seelische Mülleimer. Es gibt also Rollen, die wir gern übernehmen, die zu unserer Persönlichkeit passen, und andere, die wir spielen, weil es von uns erwartet wird, die uns aber eher unangenehm sind.

Zur Bewertung Ihrer Rollen sieht unser Arbeitsbogen Folgendes vor:

+   für angenehme Gefühle

.|.   für neutrale Gefühle

–   für unangenehme Gefühle

Außerdem schätzen Sie bitte ab, wie viele Stunden Sie pro Woche für die jeweiligen Rollen aufwenden. Diese Zahlen tragen Sie ebenfalls in den Arbeitsbogen ein! Das sollten zum Schluss maximal 112 Stunden pro Woche sein, weil der Tag 24 Stunden hat und wir von 8 Stunden Schlaf ausgehen. Das macht dann 16 Stunden pro Tag, an denen Sie aktiv sein können, mal 7 = 112 verfügbare Stunden pro Woche.

Vierter Schritt: Gestützt auf die Bewertung Ihrer Rollen und den Zeitaufwand pro Rolle können Sie nun Entscheidungen treffen. Welche Rollen wollen Sie in Zukunft aktiv leben? Welche Rollen wollen Sie passiv mitlaufen lassen? Welche Rollen wollen Sie abgeben? Dabei gibt es

Rollen, die so wichtig sind, dass man sie auf keinen Fall abgeben kann. Das trifft zum Beispiel auf die Elternrolle zu, sofern man Kinder hat, auf die Rolle als Ehe- oder Lebenspartner, sofern man in einer Beziehung lebt, auf die Chefrolle, sofern man Mitarbeiter hat.

Aber auch ansonsten ist es oft nicht so einfach, eine Rolle abzugeben. Denn das soziale Umfeld wird auf die eine oder andere Weise reagieren. Fragen Sie sich also, was passieren wird, wenn Sie eine bestimmte Rolle abgeben würden. Schätzen die negativen und die positiven Folgen ab. Im schlimmsten Fall könnten Sie Freunde verlieren. Wahre Freunde wenden sich aber nicht ab, wenn man für eine bestimmte Rolle nicht mehr zur Verfügung steht. Die positiven Folgen sind auf jeden Fall Zeitersparnis und ein Gewinn an Freiheit. Wenn Sie die Folgen einer solchen Entscheidung fürchten, dann ist vielleicht ein schrittweises Vorgehen angesagt. Lassen Sie die Rolle noch eine Zeit lang passiv mitlaufen, um sie später abzulegen. Reduzieren Sie langsam die Erwartungen an Sie, indem Sie signalisieren, dass Sie nicht mehr im bisherigen Umfang zur Verfügung stehen können. So kommen Sie nach und nach aus der ungeliebten Rolle heraus. Salamitaktik eben!

Was sagen Herz und Verstand dazu?

War da nicht letztlich der Vorschlag, für den Gemeinderat zu kandidieren?

 Ja, und ich könnte glatt in Versuchung kommen, ist ja ein wichtiges Amt!

Die Frage ist ja, was kann man alles schaffen und wo ist auch mal Schluss?

 Na ja, aber es macht auch Spaß und dann ist man wichtig! Das ist doch ein schönes Gefühl!

Wenn es zu viel wird oder wenn Du Ämter und Aufgaben annimmst, nur um wichtig zu sein, vielleicht sogar solche, die Du zum Schluss gar nicht gerne machst, ist das überhaupt nicht schön.

Na ja, so ist es ja auch nicht. Was stimmt ist, dass alles ein bisschen viel geworden ist. Ich kann mich manchmal auch schlecht umstellen. Mal bin ich Ehefrau, dann Kollegin, oder ich spiele mit den Kindern, dann klingelt das Telefon und ich bin plötzlich die Vereinsvorsitzende. Außerdem braucht alles Zeit und auf manche Sachen könnte ich gut verzichten!

Ja, dann guck' doch mal, ob wir nicht einige Sachen abgeben können oder nur noch passiv mitlaufen lassen!

Wir sollten noch eins im Kopf haben. Jede Rolle, die wir über längere Zeit ausüben, prägt unsere Persönlichkeit. Zum Schluss definiert sich über das Bündel unserer Lebensrollen, wer wir sind. Das ist bei Rollen, die uns liegen und die wir gern ausfüllen, auch kein Problem. Im Gegenteil, schon Aristoteles sagte „Wir sind das, was wir wiederholt tun. Vorzüglichkeit ist deswegen kein einmaliger Akt, sondern eine Gewohnheit." Je besser unsere Rollen zu uns passen, desto näher kommen wir dem Persönlichkeitsideal, das wir für uns selbst in uns tragen.

Darum geht es beim Thema Lebensrollen:
- Sich Klarheit über die eigenen Lebensrollen verschaffen
- Die Zahl der Lebensrollen auf maximal sieben reduzieren
- Dabei kann man Rollen zusammenfassen, wenn sie auch im Leben zusammengehören (z. B. Verwandtschaft für Bruder, Neffe, Sohn)
- Unangenehme Rollen ablegen oder passiv mitlaufen lassen
- Die Auswirkung von aktiv gelebten Rollen auf die Persönlichkeit beachten

Was hat diese Etappe nun mit unserer Haltung zu uns selbst und zu unserem Umfeld zu tun? Ganz sicher ist es entscheidend für unser Lebensglück und auch für unseren Erfolg, ob wir eigenverantwortlich handeln oder ob wir die Verantwortung für unser Leben anderen überlassen, die dann die Kontrolle haben. Das hat auch etwas mit Respekt gegenüber der eigenen Person zu tun. Eine Frage der Haltung zu uns selbst: Wollen wir selbst entscheiden oder über uns bestimmen lassen? Glücklich werden wir nur, wenn wir uns die Freiheit der Wahl nehmen, mit allen Chancen und Risiken, aber selbstbestimmt. Unsere Haltung zu den Lebensrollen, die sich mit der Zeit angesammelt haben, sollte kritisch sein und dazu führen, dass wir durch eine Reduktion der Rollen Kräfte freisetzen, die wir nutzen können, um die wichtigen Dinge im Leben anzupacken.

4. Etappe: Humor & Glücksmomente

Streckenprofil: Immer den Humor behalten, über sich selbst lachen, miteinander lachen, positiv denken, Dankbarkeit empfinden und das Glück in den kleinen Dingen sehen.

Mit dieser 4. Etappe geht die Fahrt durch die Region ICH zu Ende. Wir klären die Unterschiede zwischen Humor, Spott, Ironie und Schadenfreude und erfahren etwas genauer, warum Lachen gesund ist. Schließlich kommen wir noch auf die Gedankenhygiene zu sprechen und gehen der Frage nach, wo das Glück zu finden ist. Die Etappe führt ganz bequem durch eine landschaftlich reizvolle Gegend.

Im **ersten Streckenabschnitt** befassen wir uns mit dem Humor. Humor ist eine Art positive Notwehr in schwierigen Situationen, er ist augenzwinkernder Widerstand in Momenten des Scheiterns, der Gefahr oder der Niederlage. Immer schwingt beim Humor die Hoffnung auf Besserung mit.

Eine negative Wirklichkeit wird positiv gewendet. Jemand, der im Regen pitschnass geworden ist, sagt dann beispielsweise: „Wenigstens brauche ich heute nicht mehr zu duschen!" Wer eine schöne Vase zerdeppert hat, möchte ja eher weinen als lachen, mit Humor lacht er vielleicht trotzdem und sagt: „Scherben bringen Glück!" Charakteristisch ist das Umdeuten der Wirklichkeit nach dem Motto „Jedes Ding hat zwei Seiten". Wenn ich schon die negative Seite erleiden muss, dann suche ich die positive und kommentiere humorvoll oder auch selbstironisch mein Dilemma. Für den Psychoanalytiker Sigmund Freud kommt diese Umdeutung aus einer höheren Perspektive und entsteht dadurch, dass das Über-Ich ein Malheur des ICH kommentiert. Wikipedia schreibt: „Humor ist die Begabung eines Menschen, der Unzulänglichkeit der Welt und der Menschen, den alltäglichen Schwierigkeiten und Missgeschicken mit heiterer Gelassenheit zu begegnen." Die bekannteste Definition des Humors lautet: „Humor ist, wenn man trotzdem lacht." Und das trifft es eigentlich am besten.

Was sagen Herz und Verstand dazu?

 Lachen ist schön. Das finde ich auch!

Vorausgesetzt, man hat was zu lachen. Das ist ja nicht immer der Fall.

 Wenn es mir nach einem Missgeschick richtig schlecht geht, weil ich mich wie ein Tölpel angestellt habe, hat mich Lachen schon manchmal vor Selbstvorwürfen und depressiven Anwandlungen gerettet.

Du meinst: Lachen hilft, auch wenn man eigentlich nichts zu lachen hat?

 Ja, Lachen ist Lebensfreude, und wer es schafft, auch in schwierigen Situationen zu lachen, der hat echt Humor und dem geht es einfach besser!

O. k., wir versuchen das mal, aber Du fängst an!

Humor in diesem Sinne richtet sich nie gegen andere, sondern kommentiert die eigene Situation. Man macht sich scherzhaft kleiner, als man ist, und weiß gleichzeitig um seine innere Stärke. Der begossene Pudel ist eigentlich ein kraftvoller Bernhardiner. Humor ist die Denkweise des „Trotzdem", also die Lebenseinstellung, sich nicht unterkriegen zu lassen, vielleicht so: „Im Moment bin ich der Pechvogel, aber das ändert sich morgen wieder." Wir kennen viele Unternehmerpaare, die genau diese Einstellung haben. Ein humorvoller Mensch lacht in solchen Situationen über sich selbst, auch wenn ihm vielleicht nach Weinen zumute ist. Er lacht aber nicht über andere, zum Beispiel aus Spott oder Schadenfreude. Wir kennen da Spezialisten, die nur auf die passende Gelegenheit warten, um ihre Giftpfeile abzuschießen. Ein Gaststätten-besucher hatte sich auf der Toilette beim Händewaschen mit einem defekten Wasserhahn das ganze Hemd nass gemacht. Er kam in den Gastraum zurück und seine Kollegen an der Theke wollten sich ausschütten vor Lachen. „Hahaha, guckt mal, wie der aussieht!" Das hat dann mit Humor nichts zu tun, das ist Spott und Schadenfreude. Hätte der Betroffene selbst gesagt:

„Ich brauchte einfach mal eine kleine Abkühlung", wäre das Humor gewesen. Aber alles, was auf die Abwertung des anderen zielt, ist kein Humor, sondern Spott, Ironie oder Zynismus. Frei nach dem Motto „Lieber einen Freund verlieren als eine Pointe", lieben Spötter es, andere mit abwertenden Vergleichen zu verletzen. Ironische Anmache statt sachliche Kritik verfolgt das gleiche Ziel. „Du bist das größte Organisationsgenie aller Zeiten", lautete die Ansprache, als bei einer Grillparty auf dem Firmenhof alles da war, nur keine Holzkohle. Alles lachte, aber Lachen auf Kosten anderer hat immer einen bitteren Beigeschmack.

Was sagen Herz und Verstand dazu?

Dem Manfred hätte ich letztlich beim Grillen bald eine geknallt.

Na, na, Gewalt hilft uns nicht weiter!

Aber der war wieder so gemein! Natürlich war das dämlich, dass ich die Holzkohle vergessen hatte. Aber musste der mich mit seiner spitzen Zunge so vor allen bloßstellen?

Was hast Du denn erwartet? Grillen klappt nun mal ohne Holzkohle nicht.

Ich hätte mir gewünscht, dass auch gesehen wird, dass ich alles andere super vorbereitet hatte. Und dass mir dann jemand schnell aus der Patsche hilft. Holzkohle gibt es schließlich an jeder Tankstelle.

Ich gebe Dir Recht, aber der Manfred hat wahrscheinlich gedacht, seine Bemerkung wäre irgendwie cool gewesen.

Super! Nein, ich fand das gar nicht cool.

Während Humor immer Gemeinschaft stiftet, weil er zum solidarischen Mitlachen einlädt, eskalieren Spott, Ironie und Zynismus die Situation, stellen den anderen bloß und führen oft zu ernsthaften Auseinandersetzungen.

Zum Humor gehört untrennbar das Lachen. Lachen ist gesund, sagt man. Und das ist unterdessen auch in der medizinischen Forschung unbestritten. Der amerikanische Wissenschaftsjournalist Norman Cousins hat seine eigenen Erfahrungen 1979 als Buch veröffentlicht und damit in der Medizin einiges ausgelöst. Er litt an einer äußerst schmerzhaften Gelenkerkrankung. Seine Ärzte bescheinigten ihm außerdem nur eine geringe Überlebenschance. Cousins hat sich durch die von ihm entwickelte Lachtherapie selbst vollständig geheilt und damit den Grundstein für die „Gelotologie", die wissenschaftliche Lachforschung, gelegt. Seine Entdeckung war, dass seine Schmerzen deutlich nachließen, nachdem er circa 10 Minuten lauthals gelacht hatte, gleichzeitig verbesserten sich seine Entzündungswerte. Heute steht fest, dass längeres Lachen sich wie Sport auswirkt, etwa wie Joggen oder Aerobic. Es regt den Kreislauf an, verbessert die Sauerstoffaufnahme und führt nach Abschluss der Lachsitzung zu einer nachhaltigen Entspannung, ungefähr wie beim autogenen Training.

Es gibt unterdessen seriöse Humor- und Lachtherapien. In England zahlen die Krankenkassen seit Mai 1999 diese Heilform, Italiens Krankenversicherer finanzieren Humortherapien seit Juni 2000 und im Jahre 2001 haben sich auch Frankreich, Belgien und die Niederlande angeschlossen. Lachen lohnt sich aber mit oder ohne Krankenschein, denn Humor fördert die Kreativität, entschärft Konflikte, reduziert Angst und sorgt für das Entstehen von neuen Ideen.

DER SPIEGEL berichtete unlängst über das Humortraining des US-amerikanischen Psychologen Paul McGhee. Dadurch soll Heiterkeit zur Gewohnheit werden. Das Ziel: „In einem Moment, in dem lauter negative Dinge passieren, positive Gefühle aus dem Boden zu stampfen." Das klingt gut, oder? McGhee hat sieben Schritte festgelegt, wie Humor Teil des Alltags werden kann.

Hier die sieben Schritte zu einer humorvollen Lebenseinstellung:

1. Erkennen Sie Ihren eigenen Sinn für Humor und umgeben Sie sich damit, z. B. mit witzigen Cartoons.
2. Kultivieren Sie eine spielerische Haltung, das ist ein Schlüssel zu einer humorvollen Grundeinstellung.
3. Lachen Sie öfter und herzhafter. Beginnen Sie, Witze zu erzählen!
4. Finden Sie Ihren eigenen Sprachwitz durch spontane Wortspiele und improvisierte Witze.
5. Suchen Sie den Humor aktiv im Alltag. Es gibt viel zu lachen, wenn man genau hinschaut!
6. Finden Sie den Humor auch in stressigen Situationen. Versuchen Sie, die humorvolle Grundeinstellung in schwierigen Situationen zu aktivieren.
7. Nehmen Sie sich nicht so ernst, lachen Sie auch mal über sich selbst!

Klassische Auslöser für das Lachen sind Witze. Und weil wir alle gern lachen, erzählen wir jetzt zwei, und zwar quotengerecht: einer eher frauenfeindlich und einer eher männerfeindlich. Gefunden haben wir sie in einer unverdächtigen Quelle, nämlich der Süddeutschen Zeitung.

Hier die Nummer 1:
„Udo steigt aus seinem neuen Porsche. Sein bester Freund fragt, wie er zu dem Wagen gekommen sei. „Also, da stehe ich als Anhalter an der Autobahn, und dann kommt diese Frau mit dem Porsche. Sie hält an, ich steige ein und am nächsten Rastplatz hält sie an und zieht ihr Höschen aus. Sie sagte: „Du kannst jetzt von mir haben, was Du willst." Na, da habe ich natürlich den Porsche genommen."

Und die Nummer 2:
„Ein Mann fährt mit dem Auto eine steile Bergstraße hinauf. Eine Frau fährt dieselbe Straße hinunter. Als sie sich begegnen, lehnt sich die Frau aus dem Fenster und schreit: „Schwein!" Der Mann schreit sofort zurück: „Schlampe!" Beide fahren weiter. Als der Mann um die nächste Kurve biegt, rammt er ein Schwein, das mitten auf der Straße steht. Wenn Männer doch nur zuhören würden …"

Witze liefern Anlässe zum Lachen, aber es geht auch ohne. Bis vor Kurzem kannten wir Lach-Yoga nicht, aber es hat sich seit Mitte der 90er Jahre von Indien aus weltweit verbreitet. Es gibt sogar einen Weltlachtag. Beim Lach-Yoga wird ohne den Witz als Auslöser gelacht, denn die Wirkung des Lachens ist unabhängig vom Grund. In Gang kommt das Gruppenlachen dadurch, dass man zunächst so tut, als ob man lacht. Und dann verwandelt sich das gespielte Lachen automatisch in echtes. Das kennen wir ja alle noch aus der Schule: Lachen ist ansteckend. Und es baut Stress ab und stärkt die körpereigenen Abwehrkräfte.

Fazit: Lachen Sie so oft und viel, wie Sie eben können. Es tut Ihnen gut!

Auch wenn es keine verbindliche Theorie des Humors gibt, steht Folgendes fest: Nach einem Fehler, einem Missgeschick oder einer Niederlage haben Sie drei Möglichkeiten:

1. Sie verfallen in Traurigkeit und Depression | Damit sind Sie in der Vergangenheit gefangen.

2. Sie entwickeln Ängste, dass sich dieses negative Erlebnis wiederholen könnte | Dann wird die Zukunft Ihr Problem.

3. Sie nehmen die Situation mit Humor | Dann sind Sie in der Gegenwart und haben eine gute Ausgangsposition für neue Herausforderungen.

Darum geht es beim Thema Humor:
- Dinge ernst nehmen, aber heiter und distanziert betrachten!
- Niederlagen verarbeiten, indem man versucht, auch etwas Positives darin zu sehen!
- Sich über merkwürdige Zeitgenossen nicht ärgern, sondern versuchen, sie mit Humor zu nehmen!
- Spott, Schadenfreude und Ironie vermeiden! Damit kann man andere verletzen.
- Humor kultivieren als Einstellung zum Leben und zu den Mitmenschen!

Im **zweiten Streckenabschnitt** geht es um Glücksmomente. Die möchte jeder gern erleben. Aber nicht jeder (er)kennt sie wirklich. Was ist denn überhaupt Glück? Der Lottogewinn ist ein Glücksfall, aber eben auch ein Zufall. Auch der Ausruf: „Da haben wir aber noch einmal Glück gehabt", beschreibt dieses Zufallsglück, denn es hätte ja auch schlimmer kommen können. Wir kümmern uns auf unserer Tandemtour nicht um das Zufallsglück, sondern begeben uns auf die Spur des Lebensglücks, der Gesamtzufriedenheit mit unserem irdischen Dasein.

Naturwissenschaftlich betrachtet sind wir glücklich, wenn die Biochemie im Gehirn stimmt. Vor allem Dopamin brauchen wir dazu. Es ist lebensnotwendig und spendet uns in Verbindung mit Noradrenalin Lebensfreude und Antriebsenergie. Ohne Dopamin sind wir zu nichts zu gebrauchen, werden interessenlos und missmutig bis zur Depression. Serotonin ist zwar nicht lebensnotwendig, aber es vermittelt dieses gute Gefühl, mit sich im Reinen zu sein, die Gelassenheit und Ausgeglichenheit, die zum Lebensglück dazugehört. Leider können wir uns aus der Drogenküche in unserem Kopf nicht unmittelbar selbst bedienen. Deswegen gilt es ein paar andere Dinge zu beachten, wenn wir glücklich leben wollen.

Der Mannheimer Psychotherapeut Dr. Rolf Merkle hat vier wichtige Erkenntnisse der Glücksforschung zusammengetragen, die wir hier frei wiedergeben:

1. Glück bedeutet für jeden etwas anderes. Das heißt: Das Glück existiert wie die Schönheit nur in den Augen des Betrachters. Jeder von uns muss selbst entscheiden, was für ihn Glück bedeutet. Es gibt viele Wege zum Glück.

2. Unsere Lebensumstände, also gesellschaftlicher Status, Geschlecht, Intelligenz oder Alter, entscheiden nicht maßgeblich über unser Glücksempfinden. Ob Menschen glücklich oder unglücklich sind, darüber entscheidet, wie sie auf das Leben reagieren und welche Bedeutung sie dem beimessen, was sie erleben.

3. Unser Glücksempfinden hängt davon ab, wie gut wir in der Lage sind, uns an sich ändernde Lebensbedingungen anzupassen. Wichtig ist dabei, dass wir lernen, mit negativen Ereignissen, mit Niederlagen und Verlusten umzugehen.

4. Wenn wir uns für Glückspilze halten, nehmen wir mehr glückliche Zufälle wahr, als wenn wir uns für Pechvögel halten. Menschen, die sich für Pechvögel halten, sind so auf Negatives und Unerfreuliches fixiert, dass sie auch nur das Unerfreuliche wahrnehmen. Menschen, die sich für Glückspilze halten, sind darauf fixiert, das Positive zu sehen, und nehmen deshalb die erfreulichen Dinge deutlicher wahr.

Was sagen Herz und Verstand dazu?

 Manchmal habe ich auch das Gefühl, dass ich ein Glückspilz bin und dann wieder nicht.

Du hast doch gehört: Alles Biochemie, das kannst Du sowieso nicht beeinflussen. Also nimm' es so, wie Du Dich fühlst!

 Muss ich das einfach so nehmen, wie es kommt, oder kann ich doch etwas daran machen?

Die äußeren Umstände können wir mal mehr und mal weniger beeinflussen. Worüber wir aber komplett entscheiden, das ist unsere Haltung zu den positiven und den negativen Dingen im Leben.

 Wenn ich also beschließe, glücklich zu sein, dann werde ich auch glücklich?

Nicht sofort, aber auf die Dauer wirkt das. Es geht um die Weisheit, die Dinge zu ändern, die man ändern kann, und die Dinge zu lieben, die man nicht ändern kann.

Andere Glücksforscher nennen drei Faktoren, die über das persönliche Glücksempfinden entscheiden. Die Lebensumstände werden als Erstes genannt, aber sie schlagen sich nur mit circa 10 Prozent im Ergebnis nieder. Wichtiger ist da die Persönlichkeit des Einzelnen, die als zweiter Faktor folgt. Doch da scheiden sich die Geister. Jahrzehntelang hat man angenommen, das Glück sei quasi angeboren und läge in den Genen. Demnach hätte jeder von uns einen genetisch vorprogrammierten „Setpoint", unser persönliches Glückslevel, das uns in die Wiege gelegt wurde und das wir auch nicht beeinflussen können. Neuere Forschungen haben nun herausgefunden, dass jeder durch seine Lebensziele und durch seine persönlichen Entscheidungen doch einen gewissen Einfluss auf sein Lebensglück hat. Und das ist der dritte Faktor. Dabei spielen vor allem folgende Dinge eine Rolle:

- Eine persönliche Vision und Lebensziele
- Emotional stabile Lebenspartner
- Harmonisches Familienleben
- Gute Work-Life-Balance
- Soziale, sportliche oder religiöse Aktivitäten

Nach unserer Auffassung gibt es noch drei Punkte, auf die man achten sollte, wenn es um das Thema Lebensglück geht.

Punkt 1: Besonders wichtig ist die Fähigkeit, täglich das Glück in den kleinen Dingen zu sehen. Wunderbar wird das deutlich an der Geschichte von den Glücksbohnen, die wir hier noch einmal wiedergeben: „Es war einmal ein Bauer, der steckte jeden Morgen eine Handvoll Bohnen in seine linke Hosentasche. Immer wenn er während des Tages etwas Schönes erlebt hatte, wenn ihm etwas Freude bereitet oder er einen Glücksmoment empfunden hatte, nahm er eine Bohne aus der linken Hosentasche und gab sie in die rechte. Am Anfang kam das nicht so oft vor. Aber von Tag zu Tag wurden es mehr Bohnen, die von der linken in die rechte Hosentasche wanderten. Der Duft der frischen Morgenluft, der Gesang der Amsel auf dem Dachfirst, das Lachen seiner Kinder, das nette Gespräch mit einem Nachbarn – immer wanderte eine Bohne von der linken in die rechte Tasche. Bevor er am Abend zu Bett ging, zählte er die Bohnen in seiner rechten Hosentasche. Und bei jeder Bohne konnte er sich an das positive Erlebnis erinnern. Zufrieden und glücklich schlief er ein – auch wenn er nur eine Bohne in seiner rechten Hosentasche hatte." (Verfasser unbekannt)

Eine Liste mit 30 Ideen für individuelle Glücksmomente haben wir auf **www.zeitblueten.com** gefunden. Sie liegt für Sie auf **www.powerpaare.net** bereit. Im Verzeichnis der Arbeitsmittel am Ende dieser Region auf Seite 65 können Sie den QR-Code nutzen, um direkt zum Dokument zu gelangen.

Punkt 2: Werden Sie zum Glückspilz, indem Sie positiv denken! Man sagt, dass uns täglich rund 60.000 Gedanken durch den Kopf gehen, davon sind nur 10–15 Prozent positiv. Wer auf seine Gedanken achtet, kann diese Quote wesentlich verbessern.

Margaret Thatcher wird die folgende Aufforderung zugeschrieben:
- Achte auf deine Gedanken, denn sie werden deine Worte!
- Achte auf deine Worte, denn sie werden deine Handlungen!
- Achte auf deine Handlungen, denn sie werden deine Gewohnheiten!
- Achte auf deine Gewohnheiten, denn sie werden dein Charakter!
- Achte auf deinen Charakter, denn er wird dein Schicksal!

Wie geht das denn nun, auf seine Gedanken zu achten? Was kann man tun, um seinen Gedanken eine positive Richtung zu geben? Tim Eichert und Jorma Bork geben in ihrem Motivationsblog Tipps gegen negative Gedanken, die wir hier verkürzt zitieren:

Tipp 1: Öfter mal lächeln!
Lächeln hat zwei sehr schöne Effekte auf Dich und Deine Stimmung, erstens stellt sich bei Dir und bei anderen das Gefühl ein, dass Du im Moment glücklich bist. Zweitens wirkt das Lächeln unterbewusst auf unsere Stimmung – wenn Du mehr lächelst, schüttet dein Hirn mehr Glückshormone aus.

Tipp 2: Umgib Dich mit Menschen, die Dir ein positives Gefühl geben!
Wenn andere positiv denken und Dich dadurch dazu bringen, ebenfalls positiv zu denken, dann sind sie gut für Dich! Das sind Leute, die nicht in Dein Wehklagen einstimmen, sondern Dich motivieren und aufbauen.

Tipp 3: Übernimm Verantwortung und komme raus aus der Opferrolle!
Selbst ernannte Pechvögel glauben, dass sie selbst keine Macht über die Dinge haben, dass sie einfach nur Opfer der Umstände sind. Glaube nicht an ein unglückliches Schicksal, sondern nimm' Dein Schicksal eigenverantwortlich in die Hand!

Tipp 4: Mach Dir bewusst, was an Deinem Leben gut ist!

Mach Dir klar, dass es in Deinem Leben gute Dinge gibt. Die sind Realität, auch wenn mal was ganz mies läuft. Sich diese Dinge in Erinnerung zu rufen, verscheucht negative Gedanken, Denke an die guten Dinge in Deinem Leben!

Tipp 5: Du musst nicht perfekt sein – aber lerne aus Deinen Fehlern!

Allein, dass Du erkennst, einen Fehler gemacht zu haben, sollte Dir ein Lächeln auf die Lippen zaubern. Denn Du hast eine Erfahrung mehr gemacht und kannst ähnliche Situationen in der Zukunft besser meistern.

Punkt 3: Unser dritter Hinweis zum Thema Glücklichsein ist: Seien Sie dankbar! Dankbarkeit macht glücklich! Vergegenwärtigen Sie sich, was an Ihrem Leben gut ist, und schreiben Sie eine Liste mit all den Dingen, für die Sie dankbar sein können. Sie werden sehen, es stellt sich ein wohliges Glücksgefühl ein, wenn man sich klarmacht, was einem schon alles an Gutem wiederfahren ist. Und wenn es Personen gibt, denen Sie etwas zu verdanken haben, dann bedanken Sie sich bei Gelegenheit. Vielleicht auch beim eigenen Partner. Dann wird Ihnen Ihr Glück noch einmal konkret bewusst.

Was sagen Herz und Verstand dazu?

Manchmal sehe ich plötzlich etwas, was mich spontan glücklich macht. Eine Blume, die aufgeblüht ist, eine Mutter, die ihr Kind liebevoll umarmt, so etwas eben.

Ich sehe das auch und freue mich mit Dir. Probleme habe ich eher beim Thema positiv denken. Wo bleibt denn da der kritische Verstand?

Du sollst ja keine rosarote Brille aufsetzen und die Realität nicht mehr erkennen. Aber jedes Ding hat nun mal zwei Seiten und da kann man sich doch auf die positive konzentrieren, oder?

Leichter gesagt als getan. Hast Du mal ein Beispiel?

Also: Eines Tages werden wir alle sterben. O. k.? Aber an allen anderen Tagen nicht! Auch o. k.?

Ja, verstanden. Da bin ich Dir jetzt richtig dankbar. Und das macht mich wirklich glücklich!

Es mangelt nicht an Tipps und gut gemeinten Ratschlägen, wenn es um das Glück geht. Das ganze Internet ist voll davon. Auch auf YouTube finden sich entsprechende Videos. Auf einen dieser kleinen Filme möchten wir besonders hinweisen. Das Video läuft 2:41 Minuten, es heißt „Be happy!", wurde eingestellt von rupertrupert im Jahr 2010 und hatte seitdem fast 600.000 (Stand 2016) Aufrufe. Es basiert auf dem Buch „Be happy – A little book to help you live a happy life" von Monica Sheehan. Schauen Sie es an, das lohnt sich.

Darum geht es beim Thema Glücksmomente:
- Das Gefühl von Glück oder Unglück hängt davon ab, wie Sie auf das Leben reagieren, also von Ihrer Haltung.
- Lernen Sie, auch mit negativen Ereignissen und Niederlagen umzugehen!
- Betrachten Sie sich als Glückspilz und konzentrieren Sie sich auf das Positive in Ihrem Leben!
- Sehen Sie täglich das Glück in den kleinen Dingen!
- Denken Sie positiv und seien Sie dankbar!

Was hatte diese Etappe nun mit der Haltung zu tun, die wir zum Leben einnehmen? Wir glauben, dass gerade beim Thema Humor & Glücksmomente der Zusammenhang zu unserer inneren Haltung sofort klar ist. Humor ist eine Lebenseinstellung und das Glück liegt in den kleinen Dingen. Ob ich die sehe oder nicht, ist meine Entscheidung!

Damit ist die vierte Etappe abgeschlossen und gleichzeitig unsere Fahrt durch die Region ICH. In der ersten Etappe ging es um die Einstellung zu sich selbst und das körperliche und seelische Wohl, die zweite Etappe befasste sich mit dem Sinn im Leben, die dritte mit unserer Verantwortung für uns selbst und unseren Lebensrollen und die vierte schließlich mit unserer Geisteshaltung, die über Glück und Unglück entscheidet. Wer die ganze Region ICH noch einmal

Revue passieren lassen möchte, kann dazu unseren „Fragebogen Region ICH" nutzen. Sie finden ihn im Verzeichnis der Arbeitsmittel am Ende dieser Region auf Seite 65. Der QR-Code führt Sie gleich zum Dokument auf **www.powerpaare.net**.

Wie die Radrennfahrer bei den klassischen Etappenrennen, können Sie nun einen Ruhetag einlegen, bevor mit der fünften Etappe die Fahrt durch die Region ICH & DU beginnt. Das wird wieder abwechslungsreich und spannend.

Region ICH – Verzeichnis der Arbeitsmittel

Scannen Sie diesen QR-Code mit Ihrem Smartphone und Sie erreichen sofort einen speziellen Downloadbereich auf **www.powerpaare.net**, in dem Sie die Arbeitsmittel für die Region ICH finden.

Dieser Downloadbereich ist exklusiv den Lesern dieses Buches zugänglich.

Etappe	Arbeitsmittel
1. Selbstliebe & Gesundheit	Arbeitsblatt: Üben Sie Achtsamkeit!
	Checkliste: Das kann ich für mehr Gesundheit tun
2. Vision & Ziele	Arbeitsblatt: Strategische Ziele
	Checkliste: Strategie
3. Verantwortlichkeiten & Lebensrollen	Arbeitsblatt: Die Ärger- und Klageliste
	Arbeitsblatt: Lebensrollen
4. Humor & Glücksmomente	Checkliste: 30 Ideen für individuelle Glücksmomente
	Fragebogen: Region ICH

REGION 2

ICH & DU | Was ist wichtig?

5 Etappe: Unterschiede & Gemeinsamkeiten

6 Etappe: Wertschätzung & Loyalität

START

ICH & DU, das ist die Region unserer Paarbeziehung. Für Unternehmerpaare geht es hier um die Frage, wie man die 24/7-Situation* in der Firma und im Privatleben so gestalten kann, dass beide Partner damit glücklich und gemeinsam erfolgreich sind. Das ist nicht immer leicht, weil wir es mit zwei Individuen zu tun haben, die nicht unbedingt auf allen Feldern gleich ticken. Sie sind sich mehr oder weniger ähnlich und gleichzeitig verschieden. Was dabei wichtig ist, klärt sich gleich am Anfang unserer Tour. Was können Unternehmerpaare noch tun, um glücklich und erfolgreich zu sein? Gut zusammenarbeiten, den Partner und seine Leistung wertschätzen und stets loyal miteinander umgehen. Gerade das Thema Wertschätzung wird oft stiefmütterlich behandelt, auf unserer Tour kümmern wir uns darum. Außerdem kommt die Pflege der Paarbeziehung bei Unternehmerpaaren häufig zu kurz. Das wissen wir aus unserer Studie „Unternehmerpaare 2015". Dazu gehört unbedingt, dass man gemeinsam Spaß und Freude hat. Allzu oft werden gute Vorsätze auf diesem Gebiet nicht in die Tat umgesetzt. Aber auch da können Paare sich bessern, wenn sie ein paar elementare Dinge beachten. Wir sind ja alle lernfähig! Die schwierigste und längste Etappe in der Region ICH & DU ist die letzte. Da müssen alle kräftig in die Pedale treten. Es geht um die Kommunikation untereinander. Auch ein kritischer Bereich bei den meisten Unternehmerpaaren. Dabei ist das Thema „Kontakt & Gespräch" spielentscheidend für das Gelingen einer Partnerschaft, egal, ob in der Firma oder in der Familie. Alles in allem bringt die Fahrt durch die Region ICH & DU Paare näher zueinander, liefert Einsichten und Instrumente für ein erfolgreiches und glückliches Miteinander.

* 24 Stunden an 7 Tagen pro Woche

7 Etappe:
**Spaß, Freude &
Paarbeziehung**

8 Etappe:
**Kontakt &
Gespräch**

ZIEL

5. Etappe: Unterschiede & Gemeinsamkeiten

Streckenprofil: Sich über Gemeinsamkeiten freuen, Unterschiedlichkeiten verstehen und akzeptieren. Verschiedene Talente und Fähigkeiten nutzen, Schwächen zulassen und im täglichen Leben immer wieder aufeinander zugehen.

Zum **Start** schauen wir auf die Unterschiede und ihre Bedeutung. Die erste Frage ist, wo die Verschiedenheit eigentlich herkommt. Selbst Paare, die sich grundsätzlich gut verstehen, geraten in bestimmten Situationen immer wieder aneinander. Einer von beiden fühlt sich vielleicht überfordert, der oder die andere ausgebremst. Sie fühlt sich nicht ernst genommen, er sieht sich nicht anerkannt usw. Woran liegt das? Es hängt mit unserer grundlegenden Persönlichkeitsstruktur zusammen, die bei Paaren (und anderen Führungsteams) durchaus unterschiedlich sein kann. Erklärungen für unsere Unterschiedlichkeit liefern Persönlichkeitsmodelle, von denen es eine Menge gibt. Wir arbeiten mit der PP3-Präferenzanalyse von Alchimedus®. Die Methode geht von drei verschiedenen Kräften aus, die jeder Mensch besitzt, die aber bei jedem unterschiedlich ausgeprägt sind. Dadurch ergibt sich jeweils eine andere Dominanz, die unser Verhalten prägt. Und je nachdem, welche Charaktere aufeinandertreffen, ist der Konflikt vorprogrammiert.

In Anlehnung an die Struktur des menschlichen Gehirns unterscheiden wir in der Alchimedus®-PP3-Analyse folgende drei Kräfte:

1. Die Strukturkraft
Sie sorgt für Struktur. Sie ist eher introvertiert, planerisch, gewissenhaft, zurückhaltend und zukunftsorientiert. Menschen mit einem hohen Ausmaß an Strukturkraft sind kritisch und distanziert und nutzen sehr bewusst die Sachebene.

2. Die Aufbruchskraft
Diese Kraft sorgt für Aufbruchsstimmung und Bewegung. Sie ist eher innovativ, zielstrebig, spontan und gegenwartsorientiert. Menschen mit einem hohen Ausmaß an Aufbruchskraft sind extrovertiert und durchsetzungsfähig.

3. Die Gemeinschaftskraft

Diese Kraft sorgt für Sinn und Gemeinschaft. Sie ist eher intuitiv, empathisch und vergangenheitsorientiert. Für Personen mit einem hohen Ausmaß an Gemeinschaftskraft steht der Mensch im Mittelpunkt, sie sind eher bewahrend als innovativ.

Haupt- und Mischtypen der Alchimedus®-PP3-Persönlichkeitsanalyse

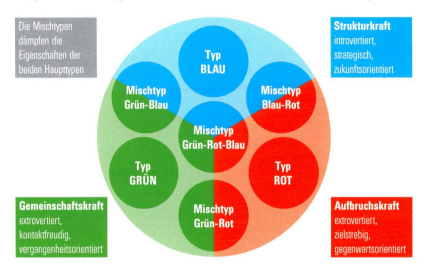

Diese drei Kräfte werden jedem Menschen mit in die Wiege gelegt, wobei eine oder zwei Kräfte überwiegen und die andere(n) nur minimal ausgeprägt sein können. Detailliert beschreiben wir die PP3-Persönlichkeitsanalyse im Kapitel III Hintergrundwissen auf Seite 166.

Ein anderes Modell der menschlichen Persönlichkeiten wollen wir noch in Kurzfassung darstellen, weil es eine Rolle spielt, wenn wir uns gleich mit den Vor- und Nachteilen von Unterschieden und Gemeinsamkeiten bei Paaren beschäftigen. Es ist das Modell der „Big Five". Und das sind sie:

Die „Big Five"		Ausprägung	
Faktor	Erklärung	schwach	stark
Neurotizismus	Emotionale Stabilität versus Labilität	selbstsicher, ausgeglichen, ruhig	emotional, verletzlich
Extraversion	Introvertiert versus extrovertiert	zurückhaltend, reserviert, leise	gesellig, laut, gesprächig
Offenheit für Erfahrungen	Offen versus zurückhaltend	vorsichtig, zögerlich, konservativ	neugierig, aktiv, erfinderisch
Gewissen-haftigkeit	nachlässig versus sorgfältig	unbekümmert, spontan, nachlässig	organisiert, effektiv
Verträglichkeit	streitsüchtig versus harmoniebedürftig	wettbewerbsorientiert, egozentrisch	verständnisvoll, aufopfernd

Die Arbeit an den Grundlagen der „Big Five" begann schon in den 30er Jahren des letzten Jahrhunderts in den USA. Peter Borkenau und Fritz Ostendorf haben das Verfahren 1993 ins Deutsche übertragen. Unterdessen hat eine Vielzahl von Autoren das Verfahren beschrieben. Eine ausführlichere Beschreibung des Modells finden Sie bei Wikipedia unter folgendem Link: https://de.wikipedia.org/wiki/Big_Five_(Psychologie)

Zu diesen Charaktermerkmalen kommen andere Eigenschaften, die Menschen unterscheiden, zum Beispiel körperliche Attraktivität, die gerade zu Beginn einer Beziehung eine gewisse Rolle spielt. Es gibt also eine Menge Merkmale, durch die sich Menschen unterscheiden können.

Am Anfang einer Beziehung empfindet man Unterschiedlichkeit oft als besonders attraktiv. Man bewundert am anderen die Eigenschaften, die man selbst nicht hat, und die Fähigkeiten auf Gebieten, die einem selbst fremd sind. Der Partner wird als Ergänzung der eigenen Person gesehen. Kuriosität am Rande: Man sucht instinktgesteuert und unbewusst immer nach Partnern mit einem vom eigenen abweichenden Körpergeruch. Der signalisiert nämlich die Art und die Stärke der Immunabwehr, und wenn man da auf Unterschiedlichkeit setzt, optimiert das die Abwehrkräfte beim eventuellen Nachwuchs. Der Zauber des Neuen macht so oder so eine frische Verbindung besonders reizvoll. Gegensätze ziehen sich eben an. Wie gehen Paare mit ihrer Unterschiedlichkeit aber im weiteren Verlauf einer Beziehung um? Mit der Zeit bieten diese Unterschiede immer wieder Anlass für Kritik und Streit. Sie werden also auf die Dauer anstrengend. Konflikte entstehen oft um Kleinigkeiten, die ein Außenstehender kaum nachvollziehen kann. Häufige Aussprachen und Absprachen werden nötig. Nichts scheint von alleine rundzulaufen.

Dabei haben Unterschiedlichkeiten in verschiedener Hinsicht auch ihre guten Seiten. Ganz klar auf der sachlichen Ebene bei unterschiedlichen Fähigkeiten und Talenten in der Firma. Ein Partner ist zum Beispiel Techniker, der andere Kaufmann. Das ergänzt sich hervorragend. Aus dem Projektmanagement wissen wir, dass Teams mit verschiedenen Talenten und Fähigkeiten am erfolgreichsten arbeiten. Aber auch in der privaten Beziehung kann Unterschiedlichkeit der Liebe guttun. Ist der Partner anders als man selbst, kann man nicht jede Verhaltensweise 100-prozentig vorhersehen. Man erlebt immer wieder kleine Überraschungen, die Langeweile erst gar nicht aufkommen lassen. Auf der anderen Seite sind Paare gerade im Privatleben mit ihrer Verschiedenheit manchmal überfordert. Es sind zu viele Unterschiede oder zu große. Wir glauben, dass Unterschiedlichkeit in der Firma (fast) nur Vorteile hat, in der privaten Beziehung aber immer eine Herausforderung bleibt.

Was sagen Herz und Verstand dazu?

Manchmal finde ich das schon schwierig mit der Unterschiedlichkeit. Der eine will Ordnung, da ist der andere (vorsichtig ausgedrückt) tolerant. Der andere will Sauberkeit, da ist dann der eine tolerant. Wie soll das jemals zusammenpassen?

Nein, passt auch nicht zusammen. Da helfen nur Kompromisse. Und ob man die schließen kann und will, ist eine Charakterfrage und die Frage, wie groß die Liebe ist, damit sie das aushält.

Kompromisse, Kompromisse! Das erinnert mich an die lauwarme Konsensgesellschaft unserer Politik. Es wird viel geredet und nichts klar entschieden. Da weiß ich nicht, ob ich das will.

Nun wirf mal nicht gleich die Flinte ins Korn! Unterschiede sind auch belebend und produktiv. Wenn zum Beispiel einer agiler ist und den eher trägen Partner hin und wieder ins Kino oder in ein Konzert schleppt, wo der dann feststellt, wie schön das doch ist. Oder in der Firma, wenn man durch Unterschiede in Qualifikation oder Temperament eine wunderbare Arbeitsteilung erreichen kann.

Klingt gut, klappt mit mir aber nur, wenn ich zu nichts genötigt werde, was ich nicht will und wenn ich meine Stärken wirklich ausleben kann.

Darüber muss man dann reden. Nur sprechenden Menschen kann geholfen werden.

Damit man die Verschiedenheit der beiden Partner auf Dauer als belebend und positiv einordnen kann, muss die Beziehung eine stabile Basis haben. Und diese stabile Basis beruht nicht auf den Unterschieden, sondern auf den Gemeinsamkeiten. Denen widmen wir uns gleich.

> **Darum geht es beim Thema Unterschiede:**
> - Es ist völlig normal, dass Partner auch unterschiedlich sind.
> - Unterschiedlichkeit ist in der Firma eine wertvolle Ressource, die man nutzen muss.
> - Unterschiedlichkeit im Privatleben ist eine Herausforderung, die Gesprächs- und Kompromissbereitschaft erfordert.
> - Entscheidend ist die Fähigkeit, bei Differenzen immer wieder aufeinander zuzugehen.

 Gemeinsamkeiten sind das Thema auf der **zweiten Halb-Etappe**. Wenn jemand ernsthaft auf Partnersuche ist, dann sucht er nach Gemeinsamkeiten und nicht nach Unterschieden. Sie sind das tragende Element einer Partnerschaft. Wenn die erste Verliebtheit vorbei ist, verblasst der Zauber des Neuen und die Attraktivität der Gegensätze verliert ihren Reiz. Dann will man Beständigkeit und Sicherheit, die man eher bei Partnern erwartet, die einem ähnlich sind. Die Überlegung: Je ähnlicher man sich ist, desto besser wird man sich verstehen. Folglich ist die eigene Persönlichkeit auch der wesentliche Bauplan für das Beuteschema am Beziehungsmarkt. Dabei geht es um Äußerlichkeiten, Neigungen und Charaktereigenschaften. Schöne Menschen suchen schöne Menschen, Künstler suchen Künstler und Ehrgeizige suchen Ehrgeizige. Das Aussehen spielt übrigens nur für Personen eine entscheidende Rolle, die sich selbst für gut-aussehend halten.

Welche Gemeinsamkeiten sind denn nun für den langfristigen Bestand einer Beziehung am wichtigsten? Damit schwenken wir zurück auf das Modell der „Big Five". Beatrice Rammstedt und Jürgen Schupp haben 2008 ihre Studie veröffentlicht, in der sie mehr als 6.000 Paare untersucht haben. Das Ergebnis besagt, dass Übereinstimmungen bei den folgenden drei Faktoren aus den „Big Five" für eine funktionierende Partnerschaft besonders vorteilhaft sind:

a. Verträglichkeit
Das leuchtet sofort ein. Der Altruist, der verständnisvoll, empathisch und harmoniebedürftig immer erst an die anderen denkt, würde mit einem Egoisten, der streitlustig ist und immer gewinnen will, schwerlich klarkommen. Zwei Egoisten klappt nach dem Modell genauso gut wie zwei Altruisten.

b. Gewissenhaftigkeit
Dazu zählen Ordnungssinn, Pünktlichkeit oder Strukturiertheit. Unterschiedlichkeit auf diesen Feldern birgt auf Dauer ein großes Konfliktpotenzial. Zwei Gewissenhafte passen ebenso gut zusammen wie zwei Nachlässige.

c. Offenheit für Erfahrungen
Meint das Interesse an neuen Erfahrungen, Erlebnissen und Eindrücken, auf kulturellem, praktischem, intellektuellem oder kulinarischem Gebiet. Verschiedenheit führt hier dazu, dass der Aktive sich durch die Vorbehalte des anderen ausgebremst fühlt, der Passive fühlt sich bedrängt.

Sind auf diesen drei Feldern größere Unterschiede bei den Partnern auszumachen, können sie nur über Kompromisse weiterkommen, die immer neu auszuhandeln sind. Weniger ausschlaggebend für den Beziehungserfolg sind die beiden anderen Faktoren aus den Big Five. Wir schauen uns das trotzdem mal an, denn da ist die Lage nicht unkompliziert.

d. Extraversion
Zwei extrovertierte Partner können leicht in Konkurrenz treten, wenn es darum geht, wer im Mittelpunkt steht. Zwei Introvertierte neigen oft dazu, sich komplett von der Außenwelt abzukapseln. Das kann zu Stagnation und Langeweile führen. Leben ein Introvertierter und ein Extrovertierter zusammen, kann das ein guter Ausgleich für beide sein. Möglicherweise hat der

Extrovertierte aber irgendwann das Gefühl, sein Partner sei verschlossen, und der Introvertierte fühlt sich vielleicht überfordert.

e. Neurotizismus

Zwei emotional labile Partner, die eher ängstlich, unsicher und verletzlich sind, können sich in Krisensituationen gegenseitig wenig Halt geben. Insofern ist hier Verschiedenheit auf jeden Fall besser. Zwei emotional stabile Partner sind dagegen unproblematisch. Einer der beiden Partner sollte auf jeden Fall immer der Gruppe „emotional stabil" zuzuordnen sein.

Unser Arbeitsblatt „Selbsteinschätzung nach den Big Five" finden Sie im Verzeichnis der Arbeitsmittel am Ende dieser Region auf Seite 113. Mit dem QR-Code gelangen Sie direkt zum Dokument auf **www.powerpaare.net**.

Andere Merkmale wie religiöse Orientierung, Wertvorstellungen oder Lebensgewohnheiten sind bei Paaren zwar oft ähnlich, für die Stabilität der Beziehung sind sie jedoch nicht ausschlaggebend.

Was sagen Herz und Verstand dazu?

 Ach, ist das schön, dass wir so gut zusammenpassen! Man sieht uns das von außen nicht gleich an, aber ich fühle mich verstanden und geborgen, richtig glücklich.

Hat das denn was mit Gemeinsamkeiten zu tun?

 Ich glaube schon, zum Beispiel beim Thema Essen: Du kochst gerne und ich esse gern, und fast immer alles. Passt doch super, oder?

Ist aber etwas einseitig, meinst Du nicht? Ich arbeite und Du profitierst!

 Na ja, aber das ist ja auch nicht alles. Wir gehen beide gern ins Kino oder besuchen Konzerte, fahren gern in Urlaub und interessieren uns für Neues.

O. k., ich erinnere mich aber auch an Situationen, wo das nicht so gut klappt, wo Du viel verletzlicher und empfindlicher bist als ich und mir dann manchmal nichts mehr einfällt, um die Lage zu entspannen.

 Nun stell' Dich mal nicht an! Ich kriege die Kurve dann schon wieder, dauert nur ein bisschen. Dann gehen wir doch immer wieder auf einander zu, oder?

Ja, das ist wirklich das Entscheidende!

> **Darum geht es beim Thema Gemeinsamkeiten:**
> - Freuen Sie sich, wenn Sie viel gemeinsam haben, aber verzweifeln Sie nicht, wenn es anders ist.
> - Ähnlichkeiten sind gut, kleine Unterschiede sind das Salz in der Suppe.
> - Wenn Sie an Ihrem Partner Verhaltensweisen bemerken, die Sie an sich selbst auch nicht gut finden, überlegen Sie, ob Sie gemeinsam etwas ändern können.
> - Bewahren Sie sich den liebevollen und toleranten Blick auf Ihren Partner und gehen Sie respektvoll miteinander um!

Wenn wir uns fragen, was diese Etappe mit unserer Haltung zu tun hat, dann sind wir schnell bei den Unterschiedlichkeiten. Denn Gemeinsamkeiten sind meist kein Problem, es sei denn, man sieht im anderen Eigenschaften, die man bei sich selbst nicht gut findet. Dann ist Entspannung angesagt und Toleranz sich selbst und dem Partner gegenüber. Und Humor, gerade solche Beobachtungen haben auch immer etwas Erheiterndes, oder? Bei den Unterschieden ist das schwieriger, weil da gerade im Privatleben aus kleinsten Kleinigkeiten große Auseinandersetzungen werden können. Da hilft nur eins: Nehmen Sie den anderen wie er/sie ist. Schließlich haben Sie sich irgendwann genau diesen Partner mit allen liebenswerten Eigenschaften und auch mit den kleinen Macken ausgesucht. Das ist ein klassisches Feld, um mit an der eigenen Haltung zu arbeiten. Versuchen Sie nicht, Ihren Partner zu ändern oder gar zu erziehen. Sehen Sie alles durch die Brille der Liebe!

6. Etappe: Wertschätzung & Loyalität

 Streckenprofil: Leistung und Erfolge des Partners wahrnehmen und anerkennen, den Partner als Person wertschätzen, in jeder Situation loyal zueinanderstehen.

 Auf der **ersten Halb-Etappe** geht es um Wertschätzung. Was ist das überhaupt? Wertschätzung ist eine grundsätzliche positive innere Haltung, die man zu einem anderen Menschen einnimmt. Das Gegenteil von Wertschätzung ist Geringschätzung, bis hin zur Verachtung. Auf der Basis von Geringschätzung ist keine konstruktive Begegnung möglich. Der amerikanische Psychologe John Gottman kam zu dem Ergebnis, dass eine Beziehung nur schwer wiederbelebt werden kann, wenn das Gefühl von Wertschätzung und Respekt aus einer Ehe komplett verschwindet. Dabei ist zu beachten, dass Wertschätzung ein gutes eigenes Selbstwertgefühl voraussetzt. Nur wer sich selbst schätzt, kann anderen Wertschätzung geben.

Am Anfang einer Beziehung ist die Wertschätzung immer groß. Bewunderung, Zuneigung und Attraktion führen schließlich dazu, dass zwei Menschen eine innige und intime Beziehung eingehen, vielleicht heiraten und eine Familie gründen. Die Frage ist, was passiert mit dieser Wertschätzung, wenn der Alltag und die Routine kommen, wenn das Organisieren und Funktionieren überhandnimmt? Dann verlagert sich das ganze Leben auf die unmittelbare Handlungsebene. Man spricht nur noch darüber, was getan werden muss und was erledigt ist. Insbesondere die persönliche Wertschätzung für den Partner, die Dankbarkeit für die Beziehung, kommt zu kurz. Ging man am Anfang noch ins Restaurant, um zu feiern, dass man 100 oder 500 Tage zusammen war, wird am Schluss sogar der Hochzeitstag übergangen. Manch einer denkt sich: „Wo ist denn da der Unterschied, ob man 15 oder 16 Jahre verheiratet ist?"

So stumpft man ab und irgendwann fühlt er oder sie sich nicht mehr wahrgenommen, nicht ernst genommen, nicht ausreichend respektiert. In einem Streit stellt sich dann oft heraus, dass jeder die Wertschätzung des anderen vermisst. Dabei ist sie meistens durchaus noch da. Sie wird aber nicht geäußert, schlicht vergessen oder als überflüssig erachtet, denn schließlich macht ja jeder seinen Job in der Firma und zu Hause und darüber muss man doch nicht groß reden, oder? Die Gefahr dabei: So kann man sich über die Jahre leicht auseinanderleben. Im Betrieb geben sich Unternehmerpaare viel Mühe mit der Wertschätzung für Mitarbeiter und

Kunden. Die Leistungen und Erfolge des Partners werden dagegen oft als selbstverständlich betrachtet. Dabei ist es besonders wichtig, dass Chef und Chefin sich gegenseitig wertschätzen, weil es andere selten tun.

 Wie zeigt man nun Wertschätzung? Zunächst durch Anerkennung und Dankbarkeit. Schauen Sie genau hin und nehmen Sie die Leistungen Ihres Partners wahr, würdigen Sie Einsatz und Ergebnis in der Firma und zu Hause. Sie werden sehen, wie das den anderen beflügelt und motiviert. Dabei ist es in einer Beziehung wichtig, nicht nur Lob für erledigte Aufgaben auszusprechen, sondern immer wieder klarzumachen, wie sehr man die Person des anderen wertschätzt und wie glücklich man in der Beziehung ist.

Vergisst man diese Seite der Wertschätzung, fragen sich sensible Naturen irgendwann: „Was ist denn, wenn ich die Leistungen nicht mehr so gut erbringe wie jetzt? Bin ich dann kein guter Partner mehr?" Im Extremfall kann das dazu führen, dass ein Partner immer mehr Energie in das Erbringen von Leistungen steckt, weil er sich davon zum Schluss persönliche Wertschätzung verspricht, die er auf diesem Weg aber nicht bekommt. Vielleicht stürzt er sich sogar mit besonderer Kraft in Aufgaben, die er gar nicht gern macht. Unzufriedenheit ist die Folge. Selbst bei dem, der für seine guten Leistungen gelobt wird, stellt sich vielleicht irgendwann die Erkenntnis ein, dass diese Leistungen ja auch von jemand anderem erbracht werden könnten. Fehlt dann die persönliche Wertschätzung, fühlt er sich ausgenutzt und austauschbar. Das wäre Gift für jede Beziehung. Es ist eben ein Unterschied, ob ich sage: „Das hast Du wirklich gut hingekriegt!", oder ob ich sage: „Weißt Du eigentlich, wie glücklich ich bin, dass wir zusammen sind?" Jeder braucht Anerkennung. Natürlich für die Dinge, die ihm oder ihr gelungen sind, aber vor allem für seine Person. Das stärkt das Selbstwertgefühl und hilft bei der nächsten Gelegenheit dabei, selbst Wertschätzung zu zeigen.

Neben Anerkennung und Dankbarkeit zeigt man Wertschätzung in der Beziehung außerdem durch Nähe: ein Lächeln, eine Umarmung und andere Zärtlichkeiten. Auch durch ungeteilte Aufmerksamkeit, also durch Zuhören, durch Zeit, die man sich für den Partner nimmt, schließlich durch kleine Gesten, Überraschungen und Geschenke oder durch Hilfsbereitschaft, wenn Hilfe gebraucht wird.

Wertschätzung, die regelmäßig gegeben und angenommen wird, lässt einen stabilen geschützten Raum für beide Partner entstehen. Eine Sicherheit, die Mut macht, auch Themen mit Konfliktpotenzial anzusprechen und zu diskutieren. Wertschätzung schafft Vertrauen und ermöglicht eine offene Kommunikation, die sowohl in der Firma als auch im Privatleben besonders erforderlich ist, wenn man rund um die Uhr zusammenarbeitet und zusammenlebt. Natürlich gibt es immer wieder Dinge, über die man sich ärgert, über die man sich aufregen kann, die einem die Laune verderben. Wer kennt das nicht? Wichtig ist es dann, sich nicht auf die negativen Dinge zu fokussieren. Sonst kreisen die Gedanken, ohne dass wir es wollen, immer weiter um diese Ärgernisse. Besser ist es, den negativen Gedankenfluss zu stoppen, indem wir uns fragen, was die positiven Sachen waren, die der Partner an diesem Tag für mich oder für uns beide getan hat. Diese Dinge muss man bewusst suchen, finden und gleich ansprechen. Das ist praktische Wertschätzung und gleichzeitig ein Mittel, die eigene Stimmung zu verbessern – eine echte Win-Win-Situation. Also, entwickeln Sie eine neue Einstellung zum Thema Wertschätzung! Fragen Sie sich, wann Sie zuletzt dem Menschen, mit dem Sie zusammenleben, das Gefühl gegeben haben, dass er oder sie wertvoll für Sie ist! Fragen Sie sich auch, wie oft und wie offen Sie das tun. Wenn sie ehrlich gemeint ist, kann es gerade bei Unternehmerpaaren nie zu viel gegenseitige Wertschätzung geben.

Wie man Wertschätzung zeigen kann, steht in unserem Arbeitsblatt „Zehn Wege, Wertschätzung zu zeigen". Sie finden es im Downloadbereich auf **www.powerpaare.net**. Mit dem QR-Code im Verzeichnis der Arbeitsmittel dieser Region auf Seite 113 gelangen Sie direkt zum Dokument.

Was sagen Herz und Verstand dazu?

Es geht uns gut, die Firma läuft, die Kinder machen keine Probleme, jeder kümmert sich um seine Aufgaben. Da werden auch nicht viele Worte drum gemacht, ist eben selbstverständlich.

Höre ich da so eine latente Unzufriedenheit raus?

Na ja, manchmal würde ich schon gern hören, dass ich etwas gut gemacht habe. Ich weiß das zwar selbst, aber wenn es mir jemand sagt, ist das etwas anderes.

Da kannst Du Dich doch nicht beschweren, das bekomme doch sogar ich mit. Wie oft haben wir in letzter Zeit gehört: „Gut gemacht!"

 O. k., das kriegen aber die Mitarbeiter genauso zu hören. Was ist denn dann das Besondere für mich als Partner? So wie ich mich da reinhänge, das macht doch kein normaler Mitarbeiter!

Du glaubst also, dass Deine 100%ige Identifikation mit der Firma nicht ausreichend gewürdigt wird?

 Nein, das hat mit Identifikation nichts zu tun. Das ist einfach. Liebe: zu meinem Partner, zu unserem Leben und die Firma gehört natürlich dazu.

Ich glaube, dass unser Partner das genauso empfindet. Der äußert das nur nicht. Ist ja insgesamt nicht so mitteilsam!

 Dann wäre es ja gut. Nur würde ich da gern ganz sicher sein!

Dann müssen wir das behutsam einfordern!

Darum geht es beim Thema Wertschätzung:
- Nehmen Sie die Leistungen Ihres Partners wahr und anerkennen Sie seine/ihre Erfolge!
- Nehmen Sie Ihre Beziehung nicht als selbstverständlich hin, sondern zeigen Sie Dankbarkeit dafür!
- Sagen Sie Ihrem Partner immer wieder, wie glücklich Sie mit ihm/ihr sind!
- Zeigen Sie Ihre Wertschätzung oft und offen!

Unsere **zweite Halb-Etappe** befasst sich mit der Loyalität. Die meisten Unternehmerpaare halten das für eine selbstverständliche Notwendigkeit. Für sie ist es klar, dass man hinter seinem Partner steht, wenn er von anderen kritisiert wird oder einen Fehler gemacht hat, und dass sie nicht heimlich über ihn lästern oder ihm anders in den Rücken fallen. Sie sind sich völlig sicher, dass sie sich ihrem Partner gegenüber immer loyal verhalten. Das wird auch in den meisten Fällen so sein. Aber vielleicht nicht immer?

Oft geht es nämlich um Kleinigkeiten. In einer Teambesprechung sagte die Chefin: „. . . und das war im letzten Monat schlimmer wie vergangenes Jahr.“ Ihr Mann korrigierte sie sofort: „. . . schlimmer als vergangenes Jahr!“ Das ist natürlich sachlich richtig, inhaltlich aber unwichtig und führt unterm Strich nur dazu, die Partnerin bloßzustellen. Solche kleine Besserwisserei sollte man sich im Interesse der Loyalität unter Partnern verkneifen.

Ein anderes Beispiel. Die Schwiegertochter war erst im vergangenen Jahr in die Firma eingetreten und hatte, neben anderen Dingen, auch von ihrer Schwiegermutter die Buchhaltung übernommen. Und es kam wie es kommen musste: Der Seniorchefin war die Arbeitsweise der Juniorchefin nicht recht, weil sie es eben anders machte als früher. Die Schwiegertochter beklagte sich bei ihrem Mann und erwartete, dass er ihre Partei ergreifen würde. Das passierte aber nicht, zumindest nicht in der Klarheit, wie sie es sich gewünscht hätte. Der junge Mann war in einem Loyalitätskonflikt, Ehefrau hier und Mutter dort. Das war für die Partnerin sehr enttäuschend, denn sie hatte das Gefühl, dass die Loyalität unter Ehepartnern hier für die Anerkennung der Mutter geopfert worden war. Und sie hatte recht. Wer erwachsen ist und eine Familie gründet, muss sich abgrenzen, auch gegenüber den eigenen Eltern. Die Loyalität zum Partner geht immer vor und dieser muss das auch spüren. Gleichzeitig besonders schwierig und besonders wichtig ist das, wenn man als Nachfolger-paar in den elterlichen Betrieb eintritt. Auch hier muss klar sein, dass zwischen Mann und Frau kein Blatt passt.

Und noch ein Beispiel: In einer Druckerei wird regelmäßig palettenweise Papier angeliefert. Der Speditionsfahrer machte sich die Sache am liebsten einfach, indem er die Paletten mitten in den Hof stellte, anstatt um die Ecke zu rangieren und dort abzuladen, wo sich das entsprechende Tor befindet. Der Meister hatte sich dann beim Chef der Spedition beschwert und zähneknirschend fügte sich der Fahrer. Bis eines Tages die Meisterfrau sah, wie schwierig das Rangieren mit dem großen Lkw im Hof war. Sie bot dem Fahrer an, die Paletten wieder mitten im Hof abzuladen. „Das soll ich doch nicht mehr", sagte er. „Doch, machen Sie ruhig, wir sind da geschmeidig!", ermutigte sie ihn. „Aber Ihr Mann beschwert sich doch gleich wieder bei meinem Chef", wandte der Fahrer ein. „Kein Problem, den kriegen wir auch noch geschmeidig", war die Antwort. Es blieb bei diesem einmaligen Ereignis, aber es war ein Verstoß gegen die Loyalität unter Partnern. Richtig wäre es gewesen, wenn die Frau mit ihrem Mann gesprochen hätte, um ihm vorzuschlagen, die bisherige Anweisung zu widerrufen.

Wir kommen nun noch einmal auf die Frage zurück, ob man mit Dritten über seinen Partner sprechen darf, wenn man ein Problem mit ihm hat. Das Beste ist immer, Probleme direkt und offen beim eigenen Partner anzusprechen, um gemeinsam eine Lösung zu suchen. Nun kann es schon mal sein, dass man noch nicht weiß, ob man die Sache selbst richtig bewertet und beurteilt. Dann ist es sicher kein Problem, mit seinem besten Freund oder seiner besten Freundin mal zu sprechen, vielleicht um zu erfahren, wie andere mit dem gleichen Thema umgehen würden. Es wird aber ein Problem, wenn man sich mit dem Freund oder der Freundin nur noch trifft, um sich über den eigenen Partner zu beklagen. Damit sollte man schleunigst Schluss machen, sich einen Ruck geben und beginnen, miteinander zu reden statt übereinander, denn offenbar gibt es ja genug Stoff dafür.

 Zum Schluss das schwerwiegendste, aber auch klarste Thema im Zusammenhang mit Loyalität, die eheliche Treue. Fremdgehen, Seitensprung – eben Untreue – untergraben eine Beziehung. Der Partner fühlt sich verraten, das Vertrauen ist erschüttert, oft ist das Ganze irreparabel. Früher dachte man, dass vor allem Männer untreu sind. Doch mittlerweile hat man erkannt, dass in den Umfragen Männer oft übertreiben, wenn es um die Sexualität geht. Frauen verschweigen ihre Untreue dagegen gerne. Heute weiß man, dass beide Geschlechter etwa gleich häufig untreu sind (www.die-partnerschaftsberater.de). In 85 Prozent der Fälle verschlechtert sich die Beziehung durch Untreue nachhaltig, und circa zwei Drittel der Beziehungen enden nach einem Seitensprung innerhalb von einem Jahr. Besser wird also nichts. Sicher wird es auch Gründe für Untreue geben und der Königsweg ist, die eigene Paarbeziehung so zu pflegen, dass man Probleme löst, bevor es zur Katastrophe kommt. Dazu sollte man dem Partner Zeit und Aufmerksamkeit schenken, die wichtigen Themen und Konflikte offen besprechen, Toleranz und Humor bewahren

und realistisch sein. Die total perfekte Beziehung gibt es nicht und Schwierigkeiten sind Herausforderungen, die es zu bewältigen gilt.

Was sagen Herz und Verstand dazu?

Manchmal finde ich die Leute unheimlich empfindlich, auch unseren gemeinsamen Chef. Was richtig ist, muss doch richtig bleiben und das darf dann doch wohl auch mal sagen, oder?

 Ja, darf man. Aber wenn es um Kritik am eigenen Partner geht, darf man das nur unter vier Augen und behutsam.

Dann ist die Situation aber doch vorbei und so wichtig, dass man das noch einmal besprechen muss, ist es doch meistens nicht.

 Dann bin ich für „Klappe halten!" Schwieriger finde ich es, wenn Du Dich gar nicht direkt attackiert fühlst, sondern verraten. Also, wenn jemand verspricht: „Ja, Du hast recht, das geht so nicht. Ich spreche mit der Mutter", und dann tut er es nicht oder nur so soft, dass keiner versteht, was gemeint ist.

Wenn sich der Partner als konfliktscheuer Drückeberger entpuppt?

 Ja, dann fühle ich mich im Stich gelassen und das lähmt meine Arbeits- und Lebensfreude.

Das musst Du ansprechen. Meine Unterstützung hast Du.

 Wirklich froh bin ich, dass unsere Beziehung ansonsten so gut läuft. Unvorstellbar, was Untreue und Seitensprünge anrichten können. Ich könnte allein bei der Vorstellung schon Mordgedanken kriegen!

Du hast recht, aber Mordgedanken solltest Du Dir trotzdem verbieten. Wir leben nicht mehr im Mittelalter.

> **Darum geht es beim Thema Loyalität:**
> - Stehen Sie immer 100%ig zueinander, auch in weniger wichtigen Situationen. Loyalität ist unteilbar!
> - Entscheiden Sie sich bei Loyalitätskonflikten immer für Ihren Partner und im Zweifelsfall gegen Ihre Eltern!
> - Pflegen Sie Ihre Beziehung! Das ist die beste Vorbeugung gegen Untreue, Seitensprünge und Trennung!

Was hatte diese Etappe nun mit unserer Haltung zu uns selbst und zum Leben zu tun? Zunächst einmal ist es so, dass wir uns selbst wertschätzen müssen, damit wir unserem Partner Wertschätzung geben können. Das ist wie mit der Liebe. Nur wer sich selbst liebt, kann andere lieben. Und zweitens hat es mit unserer Haltung zu unserem Partner zu tun. Wir tun uns schwer damit, einen Partner wertzuschätzen, den wir gern anders hätten, als er ist. Alles funktioniert dagegen reibungslos, wenn wir unsere Partner so akzeptieren und lieben, wie sie sind. Das in diesem Buch stets wiederkehrende Thema!

7. Etappe: Spaß, Freude & Paarbeziehung

Streckenprofil: Eine harmonische Paarbeziehung ist eine wesentliche Voraussetzung für das eigene Wohlbefinden und für eine gute Zusammenarbeit in der Firma. Gönnen Sie sich deswegen Freude im Leben und pflegen Sie Ihre Partnerschaft!

Im **ersten Teil dieser Etappe** schauen wir auf die Paarbeziehung. Was tut ihr gut und was zerstört sie? Die 24/7-Situation von Unternehmerpaaren macht die Pflege der Paarbeziehung nicht unbedingt einfacher. Und außerdem ist zu bedenken, dass es heutzutage absolut auf Freiwilligkeit beruht, wenn Paare zusammenbleiben. Es gibt keine religiösen Zwänge mehr, es sei denn, man akzeptiert sie freiwillig, und es existieren auch keine gesellschaftlichen oder juristischen Schranken, auch wenn Trennungen und Scheidungen nicht gern gesehen werden. Nur aus wirtschaftlichen Erwägungen wird zum Schluss keiner lebenslang in einer unglücklichen Beziehung bleiben. Was bedeutet das? Um freiwillig jahrzehntelang zusammenzubleiben, braucht man eine glückliche Paarbeziehung und die Einsicht, dass Liebe eine bewusste Entscheidung ist. Und dazu gehört, dass man eine Beziehung pflegen muss. Wie geht das?

1. Den Partner so lieben wie er/sie ist

Es gibt folgende Theorie: Wenn Männer sich in Frauen verlieben, dann in die Frau, so wie sie ist. Wenn Frauen sich in Männer verlieben, dann in den Mann, wie er sein könnte. Sie sehen also Optimierungspotenzial. Daraus entwickelt sich häufig ein Konflikt. Sie ist unzufrieden, weil er so bleibt wie er ist: „Du willst Dich gar nicht ändern!" Und er ist unzufrieden, wenn sie sich ändert: „Früher warst Du ganz anders!" Nun will jeder so geliebt werden wie er/sie ist und möchte nicht, dass bestimmte Verhaltensweisen oder „Lernerfolge" zur Voraussetzung für die Liebe gemacht werden. Wir glauben, dass Ermahnungen, sich zu ändern, egal in welche Richtung, genau das Gegenteil bewirken. Nur wer sich aus sich heraus freiwillig ändert, bleibt ein glücklicher Partner.

2. Zeit zu zweit verbringen

Wenn Paare sich aus dem Weg gehen, sich nicht mehr für den anderen interessieren und nicht mehr miteinander reden, leben sie sich nach und nach auseinander. Zeit füreinander zu haben, ist für die Beziehung so wie für den Menschen die Luft zum Atmen. Ist die nicht mehr da, erstickt sie langsam, aber sicher. Zusammen vor dem Fernsehen sitzen, zählt dabei nicht, und ohne vom Smartphone aufzublicken in den Raum zu rufen: „Alles klar bei Dir?", auch nicht. Oft hört man, dass ein Partner sich beklagt, dass der andere ihn gar nicht mehr wahrnimmt, unaufmerksam oder desinteressiert ist. Was kann man da tun? Wir glauben, der beste Weg in einer solchen Situation ist, dem Partner genau die Aufmerksamkeit zu schenken, die man selbst gerne hätte. Das löst im Normalfall eine positive Dynamik aus, von der dann alle drei (er, sie und die Beziehung) profitieren. Wenn es nicht anders geht, verabreden Sie doch einfach, dass sie sich für den Anfang jeden Tag eine Viertelstunde ungeteilte Aufmerksamkeit schenken. Dann wären Sie schon besser als die Paare aus einer amerikanischen Untersuchung, die nach fünfzehn Ehejahren täglich im Durchschnitt nur noch weniger als fünf Minuten miteinander reden.

3. Immer wieder sehen, was am Partner einzigartig ist
Natürlich gibt es Tage, wo man seinen Partner auf den Mond schießen könnte. Das kennen wir alle. Aber es gibt immer auch die andere Seite. Erinnern Sie sich an die guten Eigenschaften und die charakterlichen Vorzüge Ihres Partners und an Situationen, wo sich die gezeigt und bewährt haben. Denken Sie an die Dinge, die er/sie für Sie und ihre Partnerschaft getan hat und führen Sie sich vor Augen, was Sie schon immer faszinierend und attraktiv gefunden haben. Das wird nicht alles verschwunden sein, wenn Sie genau hingucken. Manchmal hilft es, sich den Partner als Fremden vorzustellen. Wie würde es sein, wenn Sie sich heute neu kennen-lernten? Was würde Ihnen gefallen, an seiner Art, an seiner Erscheinung, an seiner Redeweise etc.? Die Zeiten der Verliebtheit sind vorbei, mögen Sie sich jetzt denken. Es gibt aber eins, was allen Paaren Mut machen sollte. Robert Levenson und John Gottman haben in einer Langzeitstudie festgestellt, dass die Dinge, die am Partner liebenswert und positiv sind, wieder deutlicher gesehen werden, je länger Menschen zusammen sind. Im hohen Alter werden die Beziehungen wieder ein bisschen so wie am Anfang. Die negativen Eigenschaften werden unterbewertet, die positiven besonders betont, wie bei frisch Verliebten. Gute Aussichten, oder? (Nach einem Interview mit J. Gottman in Harvard Business Manager 02/2008)

4. Den Sinn für Zärtlichkeit behalten
Mit Zärtlichkeiten und körperlichen Berührungen signalisieren wir, wie wir zueinanderstehen. Wir geben uns das Gefühl, geliebt und einzigartig zu sein. Mit den Jahren verschwindet die Zärtlichkeit aus manchen Beziehungen und beide stellen dann fest, wie hilfreich diese kleinen

Gesten doch waren, wenn man in bestimmten Situationen mit Worten allein nicht weiterkommt. Andere Paare bewahren sich den Sinn für Zärtlichkeit bis ins hohe Alter. Wir freuen uns immer, wenn wir ältere und wirklich alte Paare händchenhaltend durch die Fußgängerzone schlendern sehen. Dieses stille Einvernehmen lässt ahnen, durch welche Höhen und Tiefen sie gemeinsam gegangen sind und mit welch dankbarer Liebe sie nach wie vor zueinanderstehen. Das alles steckt in solchen Gesten der Zärtlichkeit. Bewahren Sie sich Ihren Sinn dafür! Es lohnt sich ein Leben lang.

5. Für den Partner attraktiv bleiben

Oft hört man, wie froh Paare sind, dass sie nicht mehr „am Markt" sind und der ganze Stress mit dem Herausputzen für das Wochenende etc. vorbei ist. Ja, das kann man unterschreiben. Eine Partnerschaft ist auch ein geschützter Raum, in dem eine gewisse Vertrautheit herrscht und wo man sich nichts vormachen muss. Man kann sein, wie man ist, und sollte auch sicher sein können, dass man genauso geliebt wird. Problematisch wird es aber, wenn sich die wohlige Vertrautheit in eine träge Bequemlichkeit entwickelt und man anfängt, sich zu vernachlässigen. Der Partner wird das wahrnehmen und in den meisten Fällen nichts sagen. Wenn es besonders schlecht läuft, verhält er sich genauso und irgendwann fragen sich dann beide, ob das noch die Person ist, für die man sich mal entschieden hat. Je länger eine Beziehung besteht, umso wichtiger ist gegenseitiger Respekt, und da wird jeder zustimmen, dass dazu auch eine gewisse Disziplin und Sorgfalt im Umgang mit der eigenen Person gehört, um auf diese Weise für den Partner attraktiv zu bleiben und sich seinen Respekt zu verdienen.

6. Die Führungsrolle der Frauen im Privatleben akzeptieren

Wir wollen jetzt hier nicht die Arbeitsteilung in Firma und Familie anschauen. Das hatten wir ja schon auf der 3. Etappe. Hier geht es darum, dass Frauen sich oft beschweren, dass immer sie es sind, die neue Impulse in das Privatleben bringen, die Ideen und Vorschläge für gemeinsame Aktivitäten entwickeln, während die Männer sich stumpf mitschleppen lassen. Männer mit einem gewissen Beharrungsvermögen beschweren sich dann ihrerseits, dass sie dauernd in irgendwelche Aktivitäten verwickelt werden und dass sie gar keine Ruhe mehr finden. Die Männer mit Lebensklugheit erwidern eher, dass die Frauen auf diesem Gebiet auch einfach besser sind als Männer. Das gilt in vielen Ehen auch für die Pflege der privaten Kontakte inner- halb der Familie und zu Freunden oder für das Auswählen und Besorgen von Geburtstags- und anderen Geschenken. Übrigens auch in der Firma. Wenn es so läuft, ist es gut. Es kann aber harmonisch nur so laufen, wenn beide akzeptieren, dass es so ist. Weder sollte die Frau erwarten, dass der Mann ihr diese Dinge demnächst abnimmt, noch sollte der Mann gegen die Initiativen seiner Frau rebellieren. Das ist nämlich zwecklos.

 So viel zum Thema Beziehungspflege. Was sind denn nun die wichtigsten Dinge, die man vermeiden muss, weil sie eine Beziehung zerstören können? Hier eine Liste von zehn „Beziehungskillern":

1. Mangelnde Loyalität
Wir haben das auf der letzten Etappe schon thematisiert. Oft geht es um den Loyalitätskonflikt Partner/Eltern. Wer im Zweifelsfall nicht zu seinem Partner steht, weil er glaubt, sich loyal zu seinen Eltern verhalten zu müssen, riskiert auf Dauer seine Beziehung.

2. Fehlende Wertschätzung
Keine Anerkennung für die Leistung des Partners, keine Wertschätzung für seine Person, keine Komplimente oder kleine Geschenke, stattdessen Missachtung und Geringschätzung. Das ruiniert eine Beziehung ziemlich sicher.

3. Unklare Kommunikation
Wer davon ausgeht, dass sein Partner seine Wünsche erraten oder erahnen muss und deswegen nicht klar sagt, was er sich wünscht, läuft Gefahr, dass das nicht funktioniert. Wer dann noch beleidigt reagiert und nicht sagt warum, löst eine kleine Krise aus.

4. Den Partner als Kleinkind behandeln
Den Partner wie ein kleines Kind zu behandeln, signalisiert, dass man ihn nicht ernst nimmt. Sich selbst wie ein Kind zu verhalten und mit Trotz und Wutanfällen zu operieren, macht ein Zusammenleben definitiv schwierig.

5. Keine Zärtlichkeit
Wer Umarmungen und andere zärtliche Gesten vermeidet, immer einen Sicherheitsabstand zum Partner wahrt und sich hinter seinem Smartphone oder Tablet versteckt, wird auf Dauer den Kontakt verlieren.

6. Sich nur um die Firma kümmern

Fährt man abends und am Wochenende immer noch einmal in die Firma, nimmt zusätzlich Arbeit mit nach Hause, sitzt da nur am Schreibtisch und übersieht den Partner und dessen Bedürfnisse, muss man sich nicht wundern, wenn das zum Schluss schiefgeht.

7. Als Paar nur noch Eltern sein

Kinder sind eine tolle Bereicherung im Leben, machen uns Spaß, aber auch Arbeit. Wer sich nur um die Kinder und die Familienbelange kümmert und nie um den Partner, riskiert seine Paarbeziehung.

8. Eifersucht als Beziehungskiller

Wer jeden Schritt seines Partners kontrolliert, heimlich seine Anrufliste und die WhatsApp-Nachrichten durchsieht, ihm/ihr verbietet, mit Freunden/Freundinnen alleine auszugehen, muss sich nicht wundern, wenn der andere sich eingeengt fühlt und das irgendwann nicht mehr mitmachen will.

9. Den Partner bedrängen

Beliebte Fragen von Frauen an Männer sind: „Liebst Du mich noch?" und „Was denkst Du gerade?" Wer den Partner zur Verzweiflung bringen will, stellt sie mehrmals täglich. Antwort auf diese Fragen bekommt man besser in einem entspannten Gespräch, in dem jeder sagen kann, was ihn beschäftigt und wie es ihm geht.

10. Umerziehung des Partners

Wenn der Partner nicht (mehr) den eigenen (vielleicht überzogenen) Erwartungen entspricht, setzt in manchen Beziehungen ein Umerziehungsprogramm ein. Es wird ständig kritisiert und genörgelt, was dem Partner auf Dauer nachhaltig die Lust an der Beziehung verdirbt.

Was sagen Herz und Verstand dazu?

> Beziehungen sind schwierig. Da muss man unheimlich aufpassen, dass man keine Fehler macht.

Verlass Dich einfach auf mich, dann geht alles viel besser.

Das sagt sich so leicht, aber woher soll ich denn wissen, dass Du richtigliegst und dass ich mich auf Dich verlassen kann?

 Weil ich der Spezialist für unser Gefühlsleben bin. Wenn ich vor lauter Liebe zerspringen könnte oder vor Freude hüpfe, dann kannst Du ruhig mal mitmachen!

Und was ist, wenn das nicht auf Gegenliebe stößt?

 Das ist zwar nicht schön, aber kein Grund die eigenen Gefühle nicht zuzulassen. Es gehört allerdings ein bisschen Mut dazu.

Dann will ich mal sehen, ob ich den aufbringen kann.

Auf der **zweiten Halb-Etappe** geht es fröhlich zu, denn sie befasst sich mit Spaß und Freude in der Paarbeziehung. Wie wichtig ist das überhaupt? Offenbar sehr wichtig! Denn fragt man Paare, die schon mehrere Jahrzehnte zusammen sind, was die wichtigsten Faktoren für das Gelingen einer Beziehung sind, dann hört man oft drei Dinge:

- Die Fähigkeit, gemeinsam Probleme zu lösen
- Zusammen etwas schaffen (zum Beispiel beim Aufbau einer Firma)
- Gemeinsam Spaß haben und über die gleichen Dinge lachen können

Nun kann man sich fragen, was denn Spaß und Freude im Detail bedeuten. Hier ein paar Dinge, die uns wichtig erscheinen. Nicht jeder wird alles realisieren können, aber die meisten vieles.

• Gemeinsam ein Hobby ausüben

Wer das Glück hat, ein gemeinsames Hobby zu teilen, besitzt ein wunderbares Instrument, zusammen Spaß und Freude zu erleben. Das kann man nicht erzwingen, aber manchmal entdeckt man auch nach vielen Jahren noch gemeinsame Interessen, die bis dahin brachgelegen haben. Einfach mal drüber reden!

• Zusammen etwas unternehmen

Da hat jedes Paar (fast) unendlich viele Möglichkeiten. Manche lieben schöne Spaziergänge, andere steigen am Wochenende lieber aufs Fahrrad. Die einen besuchen Popkonzerte, die anderen gehen in die Oper oder ins klassische Konzert. Mal ein paar Tage wegfahren, einfach so zwischendurch oder in einer fremden Stadt eine interessante Ausstellung besuchen, dem Lieblingstenor hinterherreisen oder mal schnell ans Meer oder in das nächste Naherholungsgebiet fahren. Wer mag, geht ins Kino, andere besuchen Sportveranstaltungen. Die Möglichkeiten sind unbegrenzt. Finden Sie heraus, was Ihnen beiden Spaß macht!

• Gemeinsam Pläne schmieden

Wie wichtig eine Zukunftsvision und gemeinsame Ziele sind, haben wir auf der zweiten Etappe gesehen. Aber es geht auch um die kleinen Sachen. Viel (Vor-)Freude kann entstehen, wenn man zusammen die Umgestaltung der Büroräume plant oder im Privatbereich den nächsten Urlaub, ein großes Fest oder eine Renovierung. Betrachten Sie das Pläneschmieden nicht als lästige Arbeit, sondern als gemeinsames Vergnügen!

• Zusammen Alltagsrituale leben

Rituale sind immer wiederkehrende gemeinsame Aktivitäten. Deren Kraft ist nicht zu unterschätzen. Sie bilden Fixpunkte im Tagesablauf, kleine Verschnaufpausen, in denen die Zeit mal kurz stehenbleibt. Das ist zum Beispiel der mittägliche Espresso oder ein kleiner Abendspaziergang mit oder ohne Hund. Es kann das Frühstück am Sonntag sein oder ein fester Spieleabend in der Familie. Schaffen Sie sich solche kleinen Inseln im Alltag. Sie helfen, das Leben zu meistern.

• Sich gemeinsam an positive Dinge erinnern

Kennen Sie den „Weißt Du noch"-Effekt? Man ruft gemeinsam Erinnerungen an positive Erlebnisse zurück und erlebt die damit verbundenen Gefühle noch einmal. Das klappt am besten mit Urlauben, Familienfesten, dem eigenen Kennenlernen oder Erfolgen beim Aufbau der Firma. Wer hat, kann dazu alte Fotos anschauen.

• Dem Partner Aufmerksamkeit schenken

Jeder braucht Anerkennung und Wertschätzung. Sie wird meistens viel zu wenig gegeben. Das liegt am Alltagstrott und unserer Gewohnheit, das, was wir haben, als selbstverständlich zu betrachten. Durchbrechen Sie diesen Trott und überraschen Sie Ihren Partner ab und zu!

Spaß und Freude gemeinsam zu erleben hilft Paaren, ihre Beziehung lebendig zu erhalten. Liebe und Freude liegen nah beieinander. Das Herz als Symbol der Liebe kann auch vor Freude hüpfen. Und gemeinsam empfundene Freude kann zwei Herzen einander näherbringen und die Liebe vertiefen.

Beziehungen geraten aber auch in schwierige Situationen, die im Extremfall deren Ende bedeuten. Wie kann das passieren? Und kann man das wirksam verhindern? Wir haben uns mit diesen Fragen beschäftigt und Antworten bei dem amerikanischen Psychologen und Beziehungsforscher John Gottman gefunden. Der weiß nämlich, bei welchen frisch verliebten Paaren eine Trennung innerhalb der nächsten vier bis sechs Jahre zu 90 Prozent wahrscheinlich ist. Er hat aber auch herausgefunden, welches „Gegengift" es gibt, um diese negative Entwicklung aufzuhalten. Wie ist Gottman zu seinen Erkenntnissen gekommen?

Er hat Paare in sein Labor eingeladen und gebeten, 15 Minuten miteinander über ein ständig strittiges Thema zu diskutieren. Das Ganze hat er mit Kamera und physiologischen Messungen beobachtet und dabei genau festgehalten, wie viele positive Verhaltensweisen es im Gespräch der Partner gab und wie viele negative. Jahre später hat er dann geprüft, was aus den Paaren geworden war. Hatten Sie sich getrennt oder waren sie noch zusammen? Seine Ergebnisse sind frappierend:

Erkenntnis Nr. 1: Paare, die weiter glücklich zusammenlebten, hatten im Labortest eine Relation von positiven zu negativen Verhaltensweisen von mindestens 5 : 1. Das bedeutet, um eine negative Verhaltensweise auszugleichen, benötigt man fünf positive. An dieser Relation, die auch Gottmann-Konstante genannt wird, erkennt man die destruktive Wirkung negativen Verhaltens auf die Beziehung. Was sind denn nun die negativen Verhaltensweisen? Im Mittelpunkt von Gottmans Erkenntnissen stehen die „vier apokalyptischen Reiter", das sind Dinge, die wir alle kennen und die auch als Kommunikationssünden bezeichnet werden (z. B. bei Wikipedia). Und das sind sie:

1. **Angriff und Kritik:** Schuldzuweisungen, Anklage und Verurteilungen
2. **Abwehr und Rechtfertigung:** Verleugnung des eigenen Anteils, was den Konflikt aufrechterhält
3. **Verachtung und Geringschätzung:** Nicht ernst nehmen und Herabsetzen des Partners
4. **Rückzug und Mauern:** Aus dem Kontakt gehen

Erkenntnis Nr. 2: Paare, bei denen alle vier apokalyptischen Reiter im Labortest vorgekommen waren, hatten sich innerhalb der nächsten 4–6 Jahre zu 90 Prozent getrennt. Das konnte Gottman nun für alle zukünftig getesteten Paare vorhersagen und er sollte recht behalten. Dieses Ergebnis unterstreicht die Bedeutung der Kommunikation für eine glückliche Beziehung. Deswegen kommen wir auf der nächsten Etappe „Kontakt & Gespräch" noch einmal näher auf die vier apokalyptischen Reiter zu sprechen.

Erkenntnis Nr. 3: Wenn Wertschätzung und Respekt komplett aus einer Ehe verschwinden, kann die Beziehung nur schwer wiederbelebt werden (siehe unsere letzte Etappe). Das Positive an dieser ernüchternden Erkenntnis ist, dass Wertschätzung, Respekt und Zuneigung wirksame „Gegengifte" sind, die eine Entfremdung der Partner verhindern können und eine glückliche Beziehung möglich machen. Deswegen hier noch einmal der Verweis auf unseren Arbeitsbogen „Zehn Wege, Wertschätzung zu zeigen". Sie finden ihn im Verzeichnis der Arbeitsmittel am Ende dieser Region auf Seite 113. Mit dem QR-Code gelangen Sie direkt zum Dokument auf **www.powerpaare.net**.

Was sagen Herz und Verstand dazu?

 Ja, toll, mal was zusammen unternehmen finde ich auch klasse. Macht man viel zu selten!

Das Problem ist vielleicht, dass keiner eine Idee hat, was man machen könnte.

 Hast Du denn kein Gefühl dafür, was Dir mal Spaß machen würde?

Nein, ich muss zugeben, da bin ich etwas phantasielos, aber für jeden Vorschlag dankbar. Und zum Schluss habe ich immer Spaß dabei.

 Du bist wohl eher ein Freund von festen Ritualen, oder?

Richtig, das erdet mich und lässt mich empfinden, wie schön das Leben doch ist.

 Ich würde mich freuen, wenn Du Deine Energie hin und wieder auch mal darauf verwenden könntest, eine Idee für ein gemeinsames Erlebnis zu finden, das uns beiden Spaß macht.

Ich werde mich bemühen!

Für Freunde von Checklisten und Tests haben wir im Verzeichnis der Arbeitsmittel am Ende dieser Region auf Seite 113 den von John Gottman entwickelten Test „Wie gut funktioniert meine Beziehung?" abgelegt. Mit dem QR-Code gelangen Sie direkt zum Dokument auf **www.powerpaare.net**.

Darum geht es beim Thema Spaß, Freude & Paarbeziehung:

- Gemeinsam Spaß und Freude zu erleben setzt voraus, dass Sie mit sich im Reinen sind und Ihren Partner so lieben wie er/sie ist.
- Die Firma ist wichtig, aber vergessen Sie darüber nicht, wie wichtig Ihre Partnerschaft ist!
- Nehmen Sie sich Zeit füreinander und pflegen Sie Ihre Paarbeziehung!
- Machen Sie sich immer klar, was das Einzigartige an Ihrem Partner ist!
- Schenken Sie Ihrem Partner Wertschätzung und Aufmerksamkeit!
- Bleiben Sie attraktiv füreinander, denken Sie an den Wert von Zärtlichkeiten!
- Pflegen Sie gemeinsame Hobbys, unternehmen Sie etwas zusammen!
- Schaffen Sie Alltagsrituale und nutzen Sie den „Weißt Du noch"-Effekt!
- Vermeiden Sie die zehn Beziehungskiller und die vier apokalyptischen Reiter!

8. Etappe: Kontakt & Gespräch

Streckenprofil: Gerade in schwierigen Situationen immer Kontakt halten und im Dialog bleiben, die unvermeidlichen Missverständnisse aufklären, unterschiedliche Kommunikationsstile verstehen, Probleme sachlich in gewaltfreier Sprache lösen.

Die 8. Etappe ist die **Königsetappe** der ganzen Tour. Sie ist mit Abstand die längste und schwierigste, aber wer sie bewältigt hat, ist auch für sich selbst ein gutes Stück vorangekommen. Zuerst geht es steil bergauf, vorbei an den Tücken der Kommunikation, die wir alle kennen. Dann folgt die düstere Strecke durch den Hohlweg der Kommunikationssünden, die überall lauern. Zum Schluss kommt die bequeme Abfahrt durch die Auen der gewaltfreien Kommunikation.

Kennen Sie auch Paare, die phasenweise komplett aus dem Kontakt gehen? Da redet man tagelang kein Wort miteinander, kleine Annäherungsversuche, egal von welcher Seite, werden abgewehrt, man legt Wert auf den Krisenmodus. Im Betrieb funktioniert die notwendige Kommunikation dann oft nur über Dritte, zum Beispiel über die Sekretärin. Das macht keinen Spaß, besonders den unmittelbar Betroffenen nicht, aber Sie können (oder wollen) dann erst einmal nicht über den eigenen Schatten springen. Wie kann man sich solche Situationen erklären und wie geht man ihnen aus dem Weg?

Ohne Kontakt existiert keine Beziehung. Und Kontakt wird in der Regel über Kommunikation aufrechterhalten. Neben der verbalen Kommunikation kennen wir nonverbale Signale wie bewusst eingesetzte Mimik und Gestik sowie die unbewussten Signale der Körpersprache, die Positives wie Negatives ausdrücken können. Ein besonderes Kapitel speziell für Paare sind die sogenannten Alltagsberührungen, kleine liebevolle Gesten, die Einverständnis und Zuneigung signalisieren und eine stillschweigende Rückversicherung der Liebe sind.

Wir wissen aus unserer Studie „Unternehmerpaare 2015", dass der Bereich „Kontakt & Gespräch" zu den kritischen Feldern im Leben von Unternehmerpaaren zählt. Unzufrieden ist man mit der Kommunikation sowohl untereinander als auch im Betrieb. Auf beiden Feldern sieht die Mehrzahl der Teilnehmer Verbesserungspotenzial. Unzufriedenheit und ein bisschen Ratlosigkeit geht auch aus einem Kommentar auf unseren Newsletter zum gleichen Thema hervor, den wir hier auszugsweise zitieren: „Ihr habt ja so recht, und das ist ja nun wirklich nichts Neues. Aber im betrieblichen Alltag brennt mir dann doch, wenn ich mich zum x-ten Mal nicht gehört fühle, immer wieder eine Sicherung durch. Und dann geht die Post ab."

Was sind denn nun die Tücken an diesem Thema, wo kommen sie her und wie kann man damit umgehen? Die meisten Kommunikationsprobleme beruhen auf Missverständnissen. Aber warum verstehen wir uns so oft nicht richtig?

Wir nehmen ein Beispiel: Eine Autofahrt. Der Mann lenkt das Cabrio mit Tempo 90 gemütlich über die Landstraße, da sagt die Frau plötzlich: „Hier kann man 120 fahren." Der Mann antwortet genervt: „Fahre ich oder fährst Du?" Er hätte auch einfach sagen können: „Habe ich nicht gesehen", oder „Habe ich auch gerade gesehen." Hat er aber nicht, und so ist die Stimmung gleich ein wenig gereizt. Die zunächst rein sachliche Äußerung, dass man 120 km/h fahren könnte, hat er offenbar auf eine bestimmte Weise persönlich genommen, zum Beispiel in dem Sinne, dass seine Frau ihn für einen schlechten Autofahrer hält. Ob das so gemeint war, hat er nicht hinterfragt, sondern gleich einen Gegenangriff gestartet. Wie kommt so etwas zustande? Wir versuchen zu erklären, was da passiert, und stützen uns dabei auf das Kommunikationsmodell des Psychologen Friedemann Schulz von Thun. Er erklärt es auf der Website seines Instituts folgendermaßen: „Wenn ich als Mensch etwas von mir gebe, bin ich auf vierfache Weise wirksam. Jede meiner Äußerungen enthält, ob ich will oder nicht, vier Botschaften gleichzeitig:

- eine **Sachinformation** (worüber ich informiere)
- eine **Selbstkundgabe** (was ich von mir zu erkennen gebe)
- einen **Beziehungshinweis** (was ich von dir halte und wie ich zu dir stehe)
- einen **Appell** (was ich bei dir erreichen möchte)"

Ausgehend von dieser Erkenntnis hat Schulz von Thun die vier Seiten einer Äußerung als Quadrat dargestellt. Die Äußerung entstammt dabei den „vier Schnäbeln" des Senders und trifft auf die „vier Ohren" des Empfängers. Sowohl Sender als auch Empfänger sind für die Qualität der Kommunikation verantwortlich, wobei die unmissverständliche Kommunikation der Idealfall ist und nicht die Regel.

Sender
mit vier Schnäbeln

Empfänger
mit vier Ohren

Die vier Ebenen der Kommunikation

Auf der **Sachebene** des Gesprächs steht die Sachinformation im Vordergrund, hier geht es um Daten, Fakten und Sachverhalte.

Für die **Selbstkundgabe** gilt: Wenn jemand etwas von sich gibt, gibt er auch etwas von sich. Jede Äußerung enthält gewollt oder unfreiwillig eine Kostprobe der Persönlichkeit – der Gefühle, Werte, Eigenarten und Bedürfnisse. Dies kann explizit („Ich-Botschaft") oder implizit geschehen.

Auf der **Beziehungsseite** gebe ich zu erkennen, wie ich zu dem anderen stehe und was ich von ihm halte. Diese Beziehungshinweise werden durch Formulierung, Tonfall, Mimik und Gestik vermittelt.

Auf der **Appellseite** geschieht die Einflussnahme auf den Empfänger. Wenn jemand das Wort ergreift, möchte er in aller Regel etwas erreichen. Er äußert Wünsche, Appelle, Ratschläge oder Handlungsanweisungen. Die Appelle werden offen oder verdeckt gesandt.
(Quelle: http://schulz-von-thun-institut.de)

Was bedeutet das nun in der Praxis? Kommunikation ist kompliziert und Missverständnisse sind keinesfalls die Ausnahme, sondern eher die Regel. Nehmen wir ein anderes bekanntes Beispiel: Wieder im Auto, diesmal fährt die Frau. Sie stehen mit dem Cabrio an der roten Ampel. Dann wird es endlich grün und der Mann sagt: „Es ist grün!" Da antwortet die Frau: „Fahre ich oder fährst Du?" Sie hätte auch einfach sagen können: „Ich weiß!" Hat sie aber nicht. Wir verstehen jetzt schon besser, warum das so kompliziert ist. Weil jede Äußerung unterschiedlich interpretiert werden kann. „Es ist grün!" kann einfach eine sachliche Information sein, die Ampel ist

eben grün. Der Satz kann aber im Sinne einer Selbstoffenbarung auch heißen „Ich habe es eilig!" oder auf der Beziehungsebene: „Ich kann besser Auto fahren als Du!", schließlich als Appell: „Fahr los!" Die Antwort „Fahre ich oder fährst Du?" zeigt uns, dass der Satz mit dem Beziehungsohr gehört worden ist, vielleicht war das aber gar nicht so gemeint. Dann kann aus einer eher harmlosen Situation ein Teufelskreis entstehen, in dem ein Wort das andere ergibt: „Mein Gott, ich habe Dich nicht angegriffen, warum fährst Du gleich die Krallen aus?" „Weil Du immer an meinem Fahrstil rummeckerst!" und so weiter.

Ein anderes Beispiel fanden wir im Literaturlexikon www.wortwuchs.net:
Stellen wir uns vor, ein Mann sitzt mit seiner Frau beim Essen. Die Frau hat Königsberger Klopse gekocht und in der Soße schwimmen zahlreiche Kapern, die typisch für dieses Gericht sind. Die Kaper ist klein und grün und seit Jahrhunderten als pikantes Küchengewürz verbreitet. Der Mann sieht die Kapern und fragt: „Was ist das Grüne in der Soße?". Da schweben jetzt nach dem 4-Schnäbel-Modell vier verschiedene Aussagen oder Fragen in der Luft:

Sachebene: Da ist was Grünes.
Selbstkundgabe: Ich weiß nicht, was es ist.
Beziehungsseite: Du wirst es wissen.
Appellseite: Sag mir, was es ist!

Bis dahin eigentlich harmlos. Entscheidend ist bei der Kommunikation aber immer, was beim anderen ankommt. Und da kommen die vier Ohren ins Spiel. So wie der Mann seine Frage „Was ist das Grüne in der Soße?" mit vier Schnäbeln von sich gegeben hat, so kann die Frau die Frage jetzt auf vier verschiedene Weisen, also mit vier Ohren, verstehen. Und das könnte in etwa folgendermaßen aussehen:

Sachebene: Da ist was Grünes.
Selbstkundgabe: Mir schmeckt das nicht.
Beziehungsseite: Du bist eine miese Köchin!
Appellseite: Lass nächstes Mal das Grüne weg!

Im diesem Beispiel sagt der Mann auf der Sachebene das Gleiche, was auch die Frau auf der Sachebene versteht: Da ist eine grüne Sache in der Soße. Allerdings sind die anderen Ebenen grundsätzlich sehr verschieden. Die Appellseite, die letztlich kommuniziert, was der Mann von seiner Frau möchte, wird von ihr missverstanden. Dadurch entsteht der Konflikt. Der könnte auch noch weiter eskalieren, wenn die Frau zum Beispiel sagen würde: „Du kannst ja demnächst woanders essen, wenn Dir das hier nicht schmeckt!" Und damit sind wir am Beginn eines möglichen Teufelskreises.

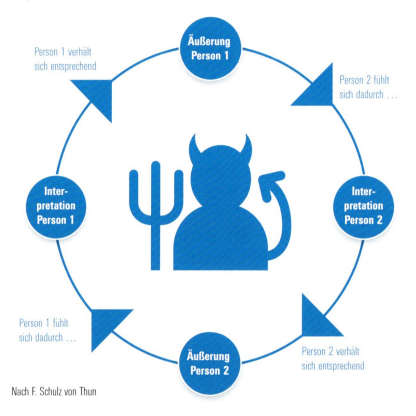

Nach F. Schulz von Thun

So schaukelt sich der Konflikt im Teufelskreis hoch:

1. Die erste Person (Mann) sagt etwas: „Was ist das Grüne in der Soße?"

2. die zweite (Frau) fühlt sich angegriffen, denkt: „Was soll denn die Frage?"

3. sie interpretiert das Gesagte, denkt: „Dem schmeckt mein Essen nicht!"

4. und verhält sich dementsprechend, indem sie den Gegenangriff startet und

5. sich ihrerseits äußert: „Dann kannst Du ja demnächst woanders essen!"

und so könnte es weitergehen:

6. Die erste Person (Mann) fühlt sich nun angegriffen und bedroht

7. und interpretiert: „Meine Frau will nicht mehr für mich kochen!"

8. Vielleicht steht er nun auf und lässt das Essen stehen,

9. dann könnte die Frau ...

Hier wird deutlich, dass die Interpretation das eigentliche Problem ist und nicht das Gesagte. Wie wir interpretieren hängt davon ab, mit welchem Ohr wir vorzugsweise hören. Unser Tipp: Versuchen Sie alles, was gesagt wird, zunächst mit dem Sach-Ohr zu hören. Das ist nicht einfach, wenn man sich gerade ärgert oder aus anderen Gründen emotional betroffen ist. Dann hilft nur, sich erst einmal innerlich ruhigzustellen. Danach gelingt es meist auch, das Gesagte auf der Sachebene zu betrachten und bei Bedarf gezielt nachzufragen.

Das andere Problem ist die eigene Sicht auf das Geschehen, denn zunächst betrachtet jeder die Situation nur aus seiner Perspektive. Deswegen verläuft diese Kommunikation kreisförmig und ergebnislos. Einen solchen Teufelskreis kann man nur durchbrechen, indem man seine eigene Perspektive verändert, sich in die Lage des anderen versetzt und einfach mal fragt, warum er/sie so reagiert. Einer muss den Anfang machen. Solange man das nur von dem anderen erwartet, ändert sich nichts.

Nun noch abschließend zum Thema Missverständnisse: Jeder hat eine ganz individuelle Art, mit den „vier Ohren" umzugehen. Der eine hört meist den sachlichen Aspekt der Botschaft, der andere die Selbstoffenbarung, der Nächste hört vorzugsweise mit dem Beziehungsohr, der andere hört überall den Appell heraus. Da bei einer Äußerung in den meisten Fällen nur die Sachebene bei Sender und Empfänger identisch ist, ist es völlig normal, dass es zu zahlreichen Missverständnissen kommt. Was kann man also tun? Missverständnisse dürfen uns zunächst gar nicht aus dem Konzept bringen oder ärgern. Sie sind eine Aufforderung zur Klärung, damit man sich versteht. Noch weniger sollten Missverständnisse zu Selbstzweifeln führen („Ich kann mich offenbar nicht ausdrücken") oder zu Aggressionen gegenüber dem Partner („Der/Die versteht mich immer vorsätzlich falsch!") Dass eine Botschaft nicht gleich 100%ig ankommt ist normal und kann durch Nachfragen („Wie hast Du das gemeint?") geklärt werden. Dazu hat der liebe Gott uns die Sprache gegeben.

Wenn Sie herausfinden wollen, mit welchem der „vier Ohren" Sie vorzugsweise hören, machen Sie den Kommunikationstest „4-Ohren" nach F. Schulz von Thun. Sie finden ihn im Verzeichnis der Arbeitsmittel am Ende dieser Region auf Seite 113. Mit dem QR-Code gelangen Sie direkt zum Dokument auf **www.powerpaare.net**.

Die Kommunikation in der Paarbeziehung ist zusätzlich deswegen ein besonders sensibles Thema, weil Männer und Frauen unterschiedlich kommunizieren. Manchmal wird heute auch gesagt, der Unterschied zwischen den Geschlechtern sei gar nicht mehr so genau festzumachen, weil es durchaus Frauen gibt, die einen männlichen Kommunikationsstil bevorzugen, oder Männer, die sich eines weiblichen Kommunikationsstils bedienen. Worin besteht der wesentliche Unterschied zwischen den beiden Kommunikationsstilen und wo kommt er her?

Manche sagen, dieser Unterschied ist angeboren, liegt in den Genen oder der Hirnstruktur. Andere glauben, dass er durch Erziehung und Sozialisation verursacht wird. Zum Beispiel so: Bei den meisten Jungenspielen geht es um das Gewinnen oder Verlieren. Wer gewinnt, steigt im Ansehen und in der Hackordnung der Clique, wer verliert, büßt Renommee ein. Es geht, verkürzt gesagt, um Macht und Hierarchie. Das Leitmotiv bei den Mädchenspielen ist ein anderes. Hier geht es, ebenfalls verkürzt gesagt, eher um das Dabei-Sein oder zumindest um das Nicht-ausgeschlossen-Sein, weniger um das Gewinnen. Diese beiden angeborenen oder anerzogenen Grundrichtungen im Verhalten haben Auswirkungen auf die Kommunikationsstile.

Der männliche Kommunikationsstil zielt eher auf Profilierung und Positionierung, ist sachorientiert und aufgabenbezogen, kann Konflikte aushalten, die Gefühlswelt spielt meist keine Rolle.

Der weibliche Kommunikationsstil ist persönlicher, lässt eigene Erlebnisse einfließen, um Nähe herzustellen, nutzt indirekte Botschaften, die etwas über die Beziehung zwischen den Kommunikationsteilnehmern aussagen, meidet Konflikte.

Der eigene Kommunikationsstil ist den Sprechern nicht bewusst. Sie folgen quasi einem unbewussten Fahrplan. Dazu einige Beispiele:

Im Bad, letzte Handgriffe vor dem Aufbruch zu einer Einladung zum 50. Geburtstag eines

Freundes. Die Frau fragt ihren Mann: „Nimmst Du mich so mit?" Der, noch ganz mit dem Zurechtrücken seiner Krawatte beschäftigt, brummelt zurück: „Ja, klar!" Die Frau enttäuscht, denkt: „Du hättest ja auch mal sagen können, dass ich gut aussehe und Du mich so magst!" Wir kennen alle solche Fragen, die etwas ganz Aanderes meinen, als man auf den ersten Blick erkennen kann. Das ist indirekte Kommunikation. Sie wird von Männern selten verstanden.

Bei der Geburtstagsfeier trifft man eine alte Freundin. Der Mann fragt: „Geht es Dir gut?" Die Freundin fragt zurück: „Wieso, sehe ich schlecht aus?" Sie hätte auch einfach „Ja, prima!" sagen können, aber sie hat die Frage nicht mit dem Sach-Ohr, sondern mit dem Beziehungsohr gehört und spiegelt nun ihre eigene (vielleicht unbegründete) Sorge zurück. Der Mann ist von solchen Reaktionen meist überrascht und verdutzt. Eine harmlose, eigentlich sachliche Frage wird da vom Empfänger auf die Beziehungsebene geholt.

Am Buffet später begegnet die Frau dem Gastgeber. Der frotzelt: „Du hast ja ganz schön zuge-langt. Wohl heute noch nichts gegessen!" Die Frau fühlt sich angegriffen und denkt „Bin ich zu dick?" Sie antwortet nicht, es hat ihr die Sprache verschlagen. Sie ist pikiert. Der Mann denkt: „Ach, Du lieber Gott, die kann ja gar keinen Spaß verstehen." Er hat es nicht böse gemeint, sondern wollte mit der kleinen Provokation ein Gespräch einleiten. Das ist gründlich misslungen. Sein Kommunikationsstil passt nicht zu seiner Gesprächspartnerin. Man muss schon präzise auf einer Wellenlänge sein, um darüber gemeinsam zu lachen. Er hätte sich diese Ansprache besser verkniffen.

Auf der Rückfahrt von der Feier erzählt die Frau ihrem Mann: „In der Schillerstraße hat übrigens ein neuer Italiener aufgemacht." Er, etwas einsilbig: „Interessant!" Sie denkt: „Er hätte ja einmal verstehen können, was ich meine! Warum kapiert er nicht, dass ich da mal essen gehen möchte?" Das ist ein typisches Beispiel für indirekte Kommunikation, quasi über Bande gespielt.

Oft können Frauen ihre Männer auch durch Fragetechnik verwirren. Die Fragen: „Liebst Du mich noch?" und „Was denkst Du gerade?" hatten wir schon. Hier nun ein Beispiel von Loriot:

Frau	Mann
Wie findest Du mein Kleid?	Welches?
Das ich anhabe.	Besonders hübsch.

Oder findest Du das grüne schöner?
Das grüne?

Das Halblange mit dem spitzen Ausschnitt.
Nein.

Was „nein"?
Ich finde es nicht schöner als das, was Du anhast.

Du hast gesagt, es stünde mir so gut. Warum findest Du es dann nicht schöner?
Ja. Es steht dir gut.

Ach. Dies hier steht mir also nicht so gut?
Ich finde das, was Du anhast, sehr schön, und das andere steht dir auch gut.

Ich denke, es ist dein Lieblingskleid?
Doch. Auch.

Dann gefällt es dir doch besser als das, was ich anhabe und das halblange grüne mit dem spitzen Ausschnitt.
Ich finde, Du siehst toll aus in dem, was Du anhast.

Komplimente helfen mir im Moment überhaupt nicht.
Gut, dann zieh das lange blaue mit den Schößchen an.

Du findest also gar nicht so toll, was ich anhabe!
Doch, aber es gefällt dir ja scheinbar nicht.

Es gefällt mir nicht? Es ist das schönste, was ich habe.
Dann behalt es doch an!

Eben hast Du gesagt, ich soll das lange blaue mit den Schößchen anziehen.
Du kannst das blaue mit den Schößchen anziehen oder das grüne mit dem spitzen Ausschnitt oder das, was Du anhast.

Aha, es ist dir also völlig Wurst, was ich anhabe.

(gekürzt)

So können Männer und Frauen aneinander vorbeireden. Und der Grund dafür liegt in den Unterschieden zwischen dem männlichen und weiblichen Kommunikationsstil.

Männlicher Stil ist eher sach- und aufgabenbezogen, es wird meistens klar gesagt, was gemeint ist. Wichtig sind Informationen und weniger Gefühle. Frotzeleien und kleine Provokationen kommen vor. Der weibliche Kommunikationsstil ist dagegen mehr auf Harmonie bedacht, wichtig ist die Gesprächsatmosphäre und die Beziehung zum Gesprächspartner, deswegen wird oft mit indirekten Botschaften quasi „durch die Blume" kommuniziert.

Was kann man tun, um sich besser zu verstehen?

Frauen könnten versuchen, klar zu sagen, was sie meinen und was sie sich wünschen. Auch mal „Nein" sagen zu einem Vorschlag, der ihnen nicht gefällt. Und sie sollen auf Frotzeleien immer sachbezogen reagieren und keine Beziehungsbotschaften hineininterpretieren.

Männer könnten versuchen, genau zuzuhören, ein Gespür für indirekte Botschaften entwickeln und diese sofort hinterfragen (Wie hast Du das gemeint? Verstehe ich das so richtig?) Und sie sollten auf Ironie und Provokationen möglichst verzichten.

Was sagen Herz und Verstand dazu?

 Mich macht das total wahnsinnig, dass wir immer missverstanden werden. Da steckt doch ein böser Wille dahinter!

Mich nervt das auch, aber ich glaube nicht, dass uns da irgendjemand vorsätzlich ärgern will.

 Ja, was denn sonst? 99 Prozent der Leute, die wir kennen, würden das direkt kapieren, aber da kommen immer Rückfragen.

Das ist zwar ärgerlich, aber es dient ja der Verständigung. Vielleicht müssen wir uns einfach die Zeit für eine Klarstellung nehmen.

 Nee, die Geduld habe ich nicht! Kann der nicht einfach besser zuhören?

Die Antwort wäre wahrscheinlich, dass wir uns auch präziser ausdrücken könnten. Das bringt uns nicht weiter. Jeder gibt dem anderen die Schuld.

 Und wie kommen wir aus der Sache heil raus?

Ich fürchte, es bleibt uns nichts anderes übrig, als zu akzeptieren, dass Missverständnisse unvermeidlich sind.

Ja und? Damit sind wir doch keinen Schritt weiter!

Es ist sicher mühsam, sie aufzuklären, aber im Interesse der Verständigung haben wir keine andere Wahl.

 Das machst Du aber dann!

 Damit haben wir auf unserer 8. Etappe den angekündigten Anstieg bewältigt und biegen nun in den düsteren Hohlweg ein. Was sind die schlimmsten Kommunikationssünden, die man unbedingt vermeiden sollte, weil sie langfristig einer Beziehung massiv schaden? Es sind die schon auf der letzten Etappe erwähnten vier „apokalyptischen Reiter" von John Gottman. Wir gehen nun etwas ausführlicher darauf ein.

Der erste apokalyptische Reiter: Angriff und Kritik

Viele halten das für eine weibliche Spezialität. Wir kennen Männer, die das auch gut können. Es ist klar, dass niemand persönlich angegriffen werden möchte oder sich anhören will, was er wieder mal angerichtet oder versäumt hat, weil er/sie ungeschickt, vergesslich, schlampig oder faul und träge ist. Kritik oder Anklagen, die auf die Person zielen statt auf die Sache, um die es geht, wollen den anderen persönlich treffen und herabsetzen. Sachlich über einen Fehler zu sprechen und zu überlegen, was man daraus für die Zukunft lernen kann, ist notwendig und sinnvoll. Wichtig: Das sollte immer klar in der Sache und wertschätzend zur Person passieren. Jemanden anklagen oder verurteilen, zielt aber nicht auf die Sache, sondern auf die Person. Und das hilft nicht weiter, sondern untergräbt in der Partnerschaft das Vertrauen und nimmt dem Mitarbeiter die Motivation. Insbesondere wenn die Kritik aus der Wut heraus mit Heftigkeit geäußert wird oder süffisant mit Ironie. Vermeiden Sie folgende klassische Sätze:

- Das ist immer dasselbe mit Dir!
- Das hast Du ja noch nie hingekriegt!
- Ja super! (ironisch)
- Wie oft soll ich das eigentlich noch sagen?
- Du schaffst das nicht, dann muss ich es eben selber machen!

- Was hast Du Dir denn dabei gedacht?
- Du bist ein Versager!
- Das hast Du verbockt. Alles Deine Schuld!

Schuldzuweisungen wollen nicht die Ursache für ein Problem oder einen Fehler finden. Sie dienen ausschließlich dazu, einen Schuldigen zu finden. Damit führen sie übergangslos zum nächsten apokalyptischen Reiter, den Rechtfertigungen. Und dann haben wir wieder einen Teufelskreis erreicht.

Merke: Wir unterscheiden sachbezogene Kritik von personenbezogener Schuldzuweisung.

Der zweite apokalyptische Reiter: Abwehr und Rechtfertigung

Rechtfertigungen sind die natürliche Reaktion auf Schuldzuweisungen. Sie dienen dem Selbstschutz, weil sich der Beschuldigte persönlich angegriffen fühlt. Er leugnet den eigenen Anteil an einem Fehler und oft bleibt die Sache dann ungeklärt. Entweder hat er/sie wenig Selbstbewusstsein und deswegen grundlos Angst vor einer wie auch immer gearteten Bestrafung, oder es herrscht in der Firma tatsächlich ein Klima der Angst und man versucht sich mit einer Ausrede zu retten. Das müsste man im Einzelfall untersuchen. Wer in der Firma oft Ausreden zu hören bekommt und erkennt, dass selten jemand für einen Fehler die Verantwortung übernimmt, sollte sich vielleicht fragen, ob es zur „Tradition" gehört, stets einen Schuldigen zu benennen, den man an den Pranger stellen kann. Ganz klar wollen wir jedoch festhalten, dass es absolut schädlich ist, sich mit Rechtfertigungen vor der Verantwortung für einen Fehler oder ein Fehlverhalten zu drücken. Das gilt in der Partnerschaft genauso wie in der Firma. Durch Rechtfertigen und Ausreden bleibt der Konflikt ungeklärt und schwelt weiter. Wer einen Fehler gemacht hat, sollte sich dazu bekennen und so den Weg für eine Lösung oder Einigung frei machen. Im Zusammenhang mit dem Thema „Rechtfertigungen" hört man auch schon mal die Klage, dass jemand immer für alles eine Erklärung habe. Erklärungen muss man von Rechtfertigungen jedoch unterscheiden. Gegen Erklärungen ist nichts einzuwenden, wenn gleichzeitig die Verantwortung für den Fehler nicht geleugnet wird. Dann dienen Erklärungen der Ursachenforschung und sind nützlich für die Zukunft. Man kennt dann die Ursache eines Fehlers und kann verhindern, dass er sich wiederholt. Erklärungen sind also keine Ausreden.

Merke: Rechtfertigungen sind Ausreden, die dem Selbstschutz dienen. Erklärungen helfen, die Ursachen eines Fehlers zu verstehen, um ihn künftig zu vermeiden.

Der dritte apokalyptische Reiter: Verachtung und Geringschätzung

Das ist nach unserer Erfahrung die gefährlichste dieser vier Kommunikationssünden, denn sie zielt ohne Umschweife auf die persönliche Herabsetzung des Partners oder in der Firma eventuell auch des Mitarbeiters. Verachtung oder Geringschätzung wird dabei selten verbal geäußert. Das funktioniert über Mimik, Gesten und Körpersprache. Beispiel: Mein Partner setzt an, um etwas zu sagen und bevor der Satz zu Ende gesprochen ist, schaue ich hilfesuchend an die Decke, verdrehe die Augen und atme stöhnend aus. Damit signalisiere ich, dass ich ihn nicht ernst nehme und dass Zuhören reine Zeitverschwendung wäre. Das ist sehr verletzend. Eine andere bekannte Geste ist das Kopfschütteln während jemand spricht oder eine wegwerfende Handbewegung als Antwort. Das sind alles keine Argumente, sondern Schläge unter die Gürtellinie. Geringschätzung zeigen wir auch, indem wir den Partner nicht nach seiner Meinung fragen, seine Bedürfnisse missachten und einfach unser Ding machen. Richten sich Verachtung und Geringschätzung in der Firma gegen einen einzelnen Kollegen, wird derjenige dadurch praktisch aus der Gruppe ausgeschlossen. Oft handelt es sich dann schon um Mobbing und man muss als Chef eingreifen. Wie stark jemanden Geringschätzung beeindruckt und trifft, hängt auch mit unserer Haltung zu uns selbst zusammen. Haben wir selbst ein geringes Selbstwertgefühl, trifft uns Verachtung besonders hart. Dann betrachten wir das geringschätzige Verhalten des anderen als Beweis dafür, dass wir tatsächlich minderwertig und nicht liebenswert sind. Das führt dann je nach Temperament zu Depression oder Aggression.

Merke: Geringschätzung ist das Gegenteil von Wertschätzung. Wenn die Wertschätzung komplett aus einer Ehe verschwindet, kann die Beziehung nur schwer wiederbelebt werden.

Der vierte apokalyptische Reiter: Rückzug und „mauern"

Das ist das klassische „Aus-dem-Kontakt-Gehen", ursprünglich hatten wir angenommen, dass es sich um eine typisch männliche Verhaltensweise handelt. Wir haben aber gelernt, dass Frauen das auch gut können. Wohlgemerkt, hier ist nicht die Denkpause gemeint, die jemand durchaus für sich einfordern kann: „Ich bin müde und kann heute einfach nicht mehr über das Thema reden. Können wir das auf morgen verschieben?" Das ist legitim und da ist es auch in Ordnung, wenn der Partner vorübergehend nichts mehr sagt. Den Partner mit Schweigen zu strafen, ist aber etwas anderes. Das klingt harmlos, fast wie gewaltfreier Protest. Es ist aber eine äußerst rabiate Aggression. Zwar herrscht Ruhe, aber die Stimmung ist aufgeladen. Keine Streitereien, kein Türenknallen, nichts mehr. Einer von beiden hat einfach keine Lust mehr auf Diskussionen, hält sie für sinnlos oder für zu schmerzhaft. Dann wird eine Mauer hochgezogen. Man sperrt sich ein und signalisiert dem Partner: „Du bist Luft für mich!" oder, noch schlimmer, „Du bist nicht mehr gewünscht". Besonders gespenstisch wird die Sache, wenn das Schweigen dann in der Firma, oder falls jemand zu Besuch kommt, unterbrochen wird, es danach aber gleich weitergeht. Beklemmende Stille, denn sie ist alles andere als friedlich. Sie ist aufgeladen mit Trotz, Enttäuschung, Aggression und Gefühlskälte. Das ist schlimmer als jede offene Auseinandersetzung. Der Konflikt ist noch da, wird aber nicht ausgetragen, kalter Krieg sozusagen. Die Chance auf eine Aufarbeitung des Konflikts rückt in weite Ferne. Der Streit wird eingefroren und jede emotionale Nähe verschwindet.

Merke: Mit Schweigen strafen ist kein harmloser friedlicher Protest, sondern eine rabiate Aggression, die an die Wurzeln der Beziehung rührt.

Was sagen Herz und Verstand dazu?

Mich macht das völlig fertig, wenn wir gar keinen Zugang mehr zu unserem Partner haben, weil der einfach nichts mehr sagt!

Finde ich auch schlimm. Ich weiß aber, dass das spätestens nach ein paar Stunden wieder vorbei ist. Schlimmer finde ich, dass wir es oft nicht schaffen, sachlich zu streiten. Da geht es oft nicht um die Sache, sondern um die Suche nach einem Schuldigen.

Ja, ist ja auch richtig. Wenn einer schuld ist, darf man das doch wohl auch sagen, und der andere sollte das auch zugeben!

Ja, wenn jemand einen Fehler gemacht oder sich unmöglich verhalten hat, dann sollte er/sie das einräumen und sich eventuell sogar entschuldigen. Aber mir geht es nicht in erster Linie um die Schuldfrage, sondern um die Klärung.

Was heißt denn hier „Klärung"? Das ist doch nur ein Weg, sich vor einem klaren Schuldbekenntnis zu drücken. Da kommen dann tausend Erklärungen und am Schluss glaubt man, der/die Schuldige hat doch alles richtig gemacht!

Ja und nein! Erklärungen können sehr sinnvoll sein, wenn sie helfen, Ursachen für Fehler aufzudecken. Dabei darf die Verantwortung für den Fehler aber nicht geleugnet werden.

 Dann hätten wir auch unseren Schuldigen, Erklärung hin oder her!

Wenn jemand die Verantwortung für einen Fehler übernimmt und ihn nicht absichtlich gemacht hat, gibt es keinen Grund, auf der Schuldfrage herumzuhacken. Wir wollen doch niemanden ans Kreuz nageln, sondern nach der Klärung mit frischer Energie zusammen weitermachen!

 Vielleicht hast Du ja recht, aber mir ist es eben wichtig, das klar gesagt wird: „Ja, da habe ich Mist gebaut!"

Dann muss es aber auch gut sein. Und gerade bei unserem Partner sollten wir nicht nachtragend sein, sondern uns nach einem Streit immer wieder versöhnen. Den lieben wir doch!

Der Hohlweg wäre geschafft. Wir kennen jetzt die vier apokalyptischen Reiter ganz gut und können uns bemühen, ihnen auszuweichen. Jetzt kommt die bequeme Abfahrt, die wir am Anfang versprochen haben.

Was kann uns helfen, sachlich und zielorientiert zu diskutieren und zu streiten? Wir sind auf die Methodik der „gewaltfreien Kommunikation (GFK)" nach Marshall B. Rosenberg gestoßen, die wir hier kurz erläutern wollen.

Zunächst ein Beispiel: Stellen wir uns mal eine Firma vor. In der Kaffeeküche steht ein Kühlschrank, wo jeder etwas hineinstellen kann. Da wird auch schon mal was verschüttet, oder es bleiben Sachen so lange stehen, bis sie schimmeln. Das geht Chef oder Chefin irgendwann so auf die Nerven, dass es zu einer klaren Ansage kommt. Die ganze Mannschaft wird kollektiv zusammengestaucht: „Könnt Ihr Ferkel vielleicht hin und wieder mal den Kühlschrank saubermachen? Sonst mache ich das selber, aber dann kommt da ein Schloss drauf und Ihr nicht mehr dran!" Nun nutzt nur die Hälfte der Gruppe den Kühlschrank überhaupt. Die andere

Hälfte fühlt sich zu Unrecht rüde angemacht. Und unter den Kühlschranknutzern gibt es auch welche, die Ordnung und Sauberkeit schätzen und sogar schon hin und wieder das Gerät ausgewischt und aufgeräumt haben. Dementsprechend kommt die klare Ansage schlecht an, verursacht Frust und löst unterschwelligen Widerstand aus. Was kann man besser machen?

Das Ziel ist eine Verhaltensänderung. Und die erreicht man erfahrungsgemäß am besten einvernehmlich. Harte Worte bewirken gerade bei selbstbewussten Mitarbeitern oft das Gegenteil. Und man atmet besser dreimal tief durch, bevor man zum Angriff übergeht, auch wenn die eigenen Emotionen im ersten Moment lieber lospoltern wollen.

So etwas kommt immer wieder vor, wie auch ein Kommentar auf **www.powerpaare.net** zeigt, den wir hier auszugsweise wiedergeben:
„... und nach einiger Zeit bin ich es dann immer wieder leid, mich gewaltfrei totzuformulieren, weil ich mir wie ein nicht ernst zu nehmender Warmduscher vorkomme. Und dann wird freilich ohne jeden Erfolg losgepoltert. Und manchmal, da die emotionalen Befindlichkeiten aller beteiligten Personen ein sich potenzierendes mehrdimensionales Aggressionspotenzial bergen, gehen die Eskalationsstufen dann im Sauseschritt ihre unheilbringenden Abstufungen durch und danach bleibt dann wieder nur ein Scherbenhaufen."

Und hier kommt die „gewaltfreie Kommunikation (GFK)" ins Spiel. Dies ist eine besondere Art des sprachlichen Umgangs miteinander und wurde vor vielen Jahren von Marshall B. Rosenberg erfunden. Verkürzt ausgedrückt, geht er davon aus, dass jeder Mensch das Leben eines anderen bereichern sollte und deswegen Aggression und angriffslustige Formulierungen, wie sie in der Umgangssprache vorkommen, zu vermeiden sind. Wolfssprache nennt Rosenberg das und rät dringend von ihr ab. Stattdessen erhält bei ihm die einfühlsame und aus einem erhöhten Blickwinkel agierende Giraffensprache den Vorzug. Die Methode der GFK lässt sich schematisch in vier Schritten darstellen:

1. Neutrale Beobachtung
2. Gefühlsaussage
3. Bedürfnis erklären
4. Bitte formulieren

Die neutrale Beobachtung ist eine sachliche Aussage ohne Wertung. Nun steigt die GFK aber tiefer ein. Sie geht davon aus, dass der Grund für eine Kommunikation immer in einem unbefriedigten Bedürfnis liegt. Und dieses Bedürfnis löst Gefühle aus, und zwar negative Gefühle, so lange es nicht befriedigt ist. In der gewaltfreien Kommunikation offenbart man zunächst sein Gefühl und erklärt dann sein Bedürfnis. Zum Schluss folgt die zu formulierende Bitte. Unser Kühlschrankbeispiel klingt dann so:

1. Neutrale Beobachtung:

In letzter Zeit ist mir aufgefallen, dass der Kühlschrank nicht sauber ist, manchmal habe ich verdorbene Lebensmittel vorgefunden und der Geruch ist oft nicht angenehm.

2. Gefühlsaussage:

Damit geht es mir schlecht und es verursacht mir regelrecht Übelkeit.

3. Bedürfnis erklären:

Ich würde meine Lebensmittel gern in einem Kühlschrank aufbewahren, der hygienisch und sauber ist.

4. Bitte formulieren:

Könnten wir uns darauf einigen, dass der Kühlschrank einmal wöchentlich sauber gemacht wird und dass jeder seine Sachen so im Auge behält, dass sie nicht schlecht werden oder sogar verschimmeln?

Das klingt nicht nur besser, sondern kommt im wahrsten Sinne des Wortes auch besser an. Nämlich in Herz und Verstand der Mitarbeiter, die nach so einer Ansprache eher geneigt sind, den Kühlschrank sauber zu halten, als nach dem oben zitierten Rundumschlag.

Was sagen Herz und Verstand dazu?

Die gewaltfreie Kommunikation kommt mir entgegen. Ich war noch nie ein Freund von ungezähmten Emotionen.

Was soll denn die plumpe Anmache? Nur weil ich hier für die Emotionen zuständig bin, stellst Du mich jetzt an den Pranger?

Nein, reg' Dich nicht auf. Ich habe von ungezähmten Emotionen gesprochen und Du bist doch Profi! Bevor Du Emotionen ungefiltert rauslässt, atmest Du doch dreimal tief durch und im Zweifelsfall fragt Du auch noch mal bei mir nach.

O. k., wir verstehen uns. Mit meinen Emotionen gebe ich Dir eine Aufgabe und so bekommt Dein zielloses Grübeln eine Richtung!

Na ja, und umgekehrt gebe ich Deinen Gefühlen durch mein Denken erst einmal einen Sinn, denn allein kommst Du nicht zum Ziel!

Wir sind wohl auf eine gute Zusammenarbeit angewiesen, fürchte ich.

Wieso? Das musst Du doch nicht fürchten. Ich finde, das macht richtig Spaß!

Worauf kommt es bei Kontakt & Gespräch an?

- Sprechen Sie über Ihre Kommunikation, wenn Sie das Gefühl haben, nicht verstanden zu werden oder nicht zu verstehen.
- Fragen Sie sich, mit welchem der vier Ohren Sie vorwiegend hören. Falls es das Beziehungsohr ist, versuchen Sie sich jeweils klarzumachen, was die sachliche Seite der Aussage war.
- Lernen Sie, Missverständnisse aufzuklären! Vermeiden kann man sie nicht.
- „Was hast Du gemeint?" Was ist bei Dir angekommen?", sind zwei wichtige Fragen, wenn man die Tücken der Kommunikation verstehen und ihnen künftig aus dem Weg gehen möchte.

!

- Streiten Sie, aber richtig! Verabreden Sie eine Streitkultur mit klaren Grenzen: keine Angriffe auf die Person, keine Ausreden, keine Drohungen mit dem Ende der Beziehung, keine Machtspielchen mit Liebesentzug!
- Im Streit oder wenn Fehler passieren, nicht den Schuldigen suchen, sondern die Lösung!
- Denken Sie daran, es gibt mehr Verbindendes als Trennendes zwischen Ihnen, deswegen: Nach jedem Streit immer wieder versöhnen!

Finden Sie unsere Checkliste „Kommunikation" im Verzeichnis der Arbeitsmittel am Ende dieser Region auf Seite 113. Mit dem QR-Code gelangen Sie direkt zum Dokument auf **www.powerpaare.net**.

Damit haben Sie die Königsetappe unserer Tandemtour geschafft. Herzlichen Glückwunsch! Gleichzeitig liegt nun die Region ICH & DU hinter uns. Wer diese Region noch einmal Revue passieren lassen möchte, kann das tun mit unserem „Fragebogen: Region ICH & DU". Sie finden ihn ebenfalls im Verzeichnis der Arbeitsmittel am Ende dieser Region auf Seite 113. Nutzen Sie den QR-Code!

Was hatte die Fahrt durch diese Region nun mit unserer eigenen Haltung zu tun? Wir glauben, eine ganze Menge! Das Wichtigste ist, dass Partner sich gegenseitig so lieben wie sie sind. Das ist die Basis von allem und der Ausgangspunkt für jegliche Art von Verbesserung, die Sie erreichen wollen. Freuen Sie sich über Gemeinsamkeiten. Unterschiedlichkeit sollten Sie im Privatleben akzeptieren und in der Firma nutzen. Wenn Sie sich gegenseitig so lieben wie Sie sind, fällt es Ihnen auch leicht, Wertschätzung und Dankbarkeit zu zeigen, dann macht es Spaß, die Paarbeziehung zu pflegen, und dann sollte es auch gelingen, die Kommunikationsfallen zu umgehen und den apokalyptischen Reitern auszuweichen.

Scannen Sie diesen QR-Code mit Ihrem Smartphone und Sie erreichen sofort einen speziellen Downloadbereich auf **www.powerpaare.net**, in dem Sie die Arbeitsmittel für die Region ICH & DU finden.

Dieser Downloadbereich ist exklusiv den Lesern dieses Buches zugänglich.

Etappe	Arbeitsmittel
5. Unterschiede & Gemeinsamkeiten	Arbeitsblatt: Selbsteinschätzung nach den „Big Five"
6. Wertschätzung & Loyalität	Arbeitsblatt: Zehn Wege, Wertschätzung zu zeigen
7. Spaß, Freude & Paarbeziehung	Test: Wie gut funktioniert meine Beziehung?
8. Kontakt & Gespräch	Test: Kommunikationstest „4-Ohren"
	Checkliste: Kommunikation
	Fragebogen: Region ICH & DU

Die FIRMA, das ist für Unternehmerpaare die wirtschaftliche Heimat, dort haben wir Erfolgserlebnisse, können zusammen „die Welt erobern", uns Großes vornehmen und erreichen, dabei unsere Work-Life-Balance selbst herstellen und es außerdem genießen, dass wir jeden Tag rund um die Uhr zusammen sein können. Ist das so? Nicht immer offenbar, denn bei unserer Befragung von Unternehmerpaaren im vergangenen Jahr haben wir auch gehört, dass es schwierig ist, Firma und Privatleben zu trennen, und die Klage darüber, dass die Firma zum Schluss immer vorgehe. Viele haben sich über geschäftliche Diskussionen zu Hause beklagt, über ständigen Zeitmangel und wenig Urlaub. Und manche fanden es nicht immer schön, rund um die Uhr zusammen zu sein. Jedes Ding hat eben zwei Seiten, aber wir wissen ja unterdessen, welche Seite wir sehen, hängt auch von unserer eigenen Haltung ab. Bei unserer Tour durch die Region FIRMA schauen wir auf das Verhältnis von Firma und Privatleben und versuchen zu klären, was da für Unternehmerpaare wichtig ist. Wie können die beiden zentralen Lebensbereiche harmonisch miteinander auskommen? Außerdem suchen wir Antworten auf Fragen, die mit den Menschen zusammenhängen, mit denen wir es im Betrieb, aber auch im Privatleben zu tun haben. Auf der vorletzten Etappe fragen wir uns, wer was entscheidet, welche Entscheidungen man besser gemeinsam trifft und wer was alleine entscheiden darf. Am Schluss geht es dann um Erfolge und Misserfolge. Feiern wir Erfolge? Gönnen wir sie uns? Was ist mit Misserfolgen? Wie lange kann man sich oder dem Partner Fehlentscheidungen vorwerfen und wann sollte man definitiv wieder nach vorn gucken? Denn auch wenn ein Leben als Unternehmerpaar nicht immer einfach ist, kommen wir abschließend zu dem Ergebnis, dass es ein wunderbares Lebensmodell ist, zum dem wir uns alle gratulieren können.

11 Etappe: Entscheidungswege & -regeln

12 Etappe: Erfolge & Misserfolge

ZIEL

9. Etappe: Firma & Privatleben

Streckenprofil: In der Firma gut zusammenarbeiten, Arbeitsteilung regeln und einhalten, Kommunikation in der Firma sicherstellen, die privaten Freiräume verteidigen, Regeln für Urlaub und Wochenende aufstellen, Termine gemeinsam planen.

Die 9. Etappe ist zwar nicht so lang wie die letzte, aber in der zweiten Hälfte wird es noch einmal anstrengend, weil alles so einfach klingt, aber schwierig umzusetzen ist. Die Trennung von Firma und Privatleben ist für viele Unternehmerpaare ein echtes Problem. Es gibt nämlich kaum ein Thema, bei dem man so viele gute Vorsätze fasst und so wenige einhält. Da wird es auch nirgendwo eine Patentlösung geben, sondern überall ein ständiges Streben nach einer Lösung, mit der man gut leben kann. Und dieses Streben ist mal mehr und mal weniger erfolgreich.

Auf der **ersten Halb-Etappe** geht es flott voran. Wir befassen uns mit der Firma. Eigentlich ist jedem klar: Erfolg in der Firma ist die Voraussetzung für ein sorgenfreies Privatleben. Deswegen ist auch etwas dran an der Aussage, die wir oft hören: „Die Firma geht immer vor!" Aber nicht in dem Sinne, wie sie als Kritik an den Verhältnissen geäußert wird. Da richtet die Aussage sich nämlich gegen die übermächtige Dominanz des Geschäftlichen gegenüber dem Privaten, für das dann kein Raum mehr bleibt. Grundsätzlich ist der Satz aber richtig. Denn ohne florierende Firma kein entspanntes Privatleben!

Was kann das Unternehmerpaar zum Erfolg der Firma beitragen? Alles, oder zumindest das Wesentliche. Die strategische Ausrichtung kann in kleinen und mittleren Unternehmen nur von den Inhabern ausgehen, auch wenn hier und da ein Berater hinzugezogen wird. Dazu verweisen wir auf die zweite Etappe, wo wir Vision, Ziele und Strategie auch im Hinblick auf die Firma behandelt haben. Insbesondere die Frage, in welchem Umfang die Digitalisierung in das Unternehmen Einzug halten soll, möchten wir noch einmal ausdrücklich benennen. Da müssen sich Unternehmerpaare informieren und die richtigen Entscheidungen treffen. Die Auswahl der richtigen Mitarbeiter, die Lösung der immer kritischeren Frage, wo die eigentlich herkommen sollen, die Führung des Teams und seine Weiterentwicklung sind Aufgaben, bei denen das Unternehmerpaar persönlich gefordert ist. Wir behandeln das Thema ausführlich auf der nächsten Etappe.

Obwohl wir über Verantwortungsbereiche auf der dritten Etappe schon geschrieben haben, kommen wir im Hinblick auf die Firma hier noch einmal darauf zurück. Sicher ist, jeder braucht seinen Zuständigkeitsbereich. Wichtig ist, dass die Zuständigkeitsbereiche klar voneinander abgegrenzt sind und dass sie von beiden Partnern respektiert werden. Das setzt eine kollegiale Zusammenarbeit auf Augenhöhe voraus. Ängste, dass man vielleicht gar nicht mehr weiß, was im Verantwortungsbereich des Partners passiert, sind unbegründet, wenn man sich jede Woche einmal zu einem fest vereinbarten Termin zusammensetzt, um die wesentlichen Fragen zu besprechen. In sehr kleinen Firmen wird das nicht nötig sein, weil da sowieso noch jeder alles weiß. Nicht immer wissen Mitarbeiter und Kunden genau über die Arbeitsteilung des Unternehmerpaares Bescheid. Das ist aber ein großer Vorteil, weil dann auch nach außen klar ist, wer für was zuständig ist, und dass es sich bei dem Führungs-Duo um zwei verantwortliche Personen handelt, auf die man zugehen kann und von denen man auf ihrem Gebiet Entscheidungen erwarten darf. Also machen Sie Ihre Arbeitsteilung nach innen und außen bekannt. Die Aufgabenteilung ist dann ideal, wenn beide Partner ihre besonderen Stärken und Kompetenzen einbringen können. Dann macht die Arbeit mehr Spaß! Die eigene Unterschiedlichkeit kann in der Firma ein großer Vorteil sein. Nicht nur auf der fachlichen Seite, sondern auch auf der menschlichen. Wer kann mit welchem Kunden am besten umgehen? Wer findet beim Feedback an Mitarbeiter leichter die richtigen Worte? Wer kann auch mal hart sein und zum Beispiel eine Kündigung aussprechen?

Ein wichtiger Gesichtspunkt, der schon mal vernachlässigt wird, ist die Kommunikation des Unternehmerpaares über die geschäftlichen Themen. Da denken viele: „Wozu soll ich denn mit meinem Partner einen Termin vereinbaren, der hat doch so wenig Zeit und zur Not kann man das auch zu Hause besprechen." Das ist genau der falsche Weg. Wir sollten möglichst wenig Themen aus der Firma mit nach Hause nehmen. Deswegen ist unser Tipp: Verhalten Sie sich in dieser Frage so, wie Sie sich in jeder anderen Firma als normale Kollegen in einer Geschäftsführung auch verhalten würden. Organisieren Sie Ihre Kommunikation über regelmäßige Termine. Besonders dringliche Fragen, die plötzlich auftauchen, kann man immer zwischendurch klären.

Ein guter persönlicher Kontakt zu den Mitarbeitern ist in kleinen Unternehmen besonders wichtig, irgendwie ist man doch eine Unternehmensfamilie. Das darf aber nicht dazu führen, dass die Mitarbeiter einen freien Einblick in Ihre persönlichen Verhältnisse bekommen. Tragen Sie nichts Privates in die Firma, das rächt sich irgendwann. Achten Sie auch darauf, dass sie nicht gegeneinander ausgespielt werden. Am besten verhindert man das, indem man gegenüber dem Team in jeder Frage immer eine gemeinsame einheitliche Linie vertritt. Auch dafür sind wöchentliche Termine gut, weil man da besprechen kann, wie die Sprachregelung in der einen oder anderen Frage sein soll. Ansonsten ist es schnell passiert, dass Mitarbeiter glauben, Differenzen zwischen Chef und Chefin zu erkennen, und eventuell versuchen, das auszunutzen.

Als Unternehmerpaar stehen Sie im Betrieb unter Beobachtung, denn Sie sind die Stars, ob Sie das wollen oder nicht. Manch einer wird das nicht mögen, aber darin liegt eine Chance. Denn wenn Ihr Verhalten immer genau registriert wird, folgt daraus auch, dass es erfolgversprechend ist, wenn Sie als Vorbilder vorleben, was sie vom Team erwarten. Sie werden sehen, wie das wirkt. Es hat eine prägende moralische Wirkung, denn Ihr Engagement für die Firma, Ihre Disziplin und Genauigkeit oder die Art, wie Sie mit Kunden umgehen, wirken sozusagen ansteckend. Das heißt umgekehrt, dass man auch eine negative Entwicklung auslösen kann, wenn man ein schlechtes Vorbild abgibt. In einer kritischen Phase, wenn man von der Mannschaft Opfer erwartet und alle zusammenstehen müssen, sollten die Chefs auch persönlich den Gürtel enger schnallen, um zu signalisieren, dass man in einem Boot sitzt. Ein schöner neuer Firmenwagen mit oder ohne Stern kommt in der Krise sicher nicht gut an und raubt den Mitarbeitern den Glauben an den Schulterschluss aller Beteiligten. Nun haben wir ja Gott sei dank eher selten mit krisenhaften Entwicklungen zu tun. Das Führen über Vorbild ist aber immer wichtig. Und es ist dann besonders glaubwürdig, wenn man Ihnen persönlich jeden Tag ansieht, dass Sie gern in Ihrer Firma arbeiten. Wir wissen alle: Das ist eine Frage der Haltung, die wir einnehmen. Daran lohnt es sich im Zweifelsfall zu arbeiten, denn sie ist entscheidend für die eigene Zufriedenheit und kommt zum Schluss wieder der Firma zugute.

Was sagen Herz und Verstand dazu?

 Mich beunruhigt das regelrecht: „Ohne florierende Firma kein entspanntes Privatleben!"

Wieso, stimmt doch!

Klingt aber irgendwie grausam. Sind wir denn von dieser Firma komplett abhängig?

 In gewisser Weise schon. Wir haben es uns aber selbst so ausgesucht. Das Leben als Selbstständige hat so viele Vorteile, da muss man mit einem gewissen Risiko leben.

 Risiko, Risiko! Ich will aber kein Risiko. Das ist es ja, was mich beunruhigt!

 Sieh' es mal so: Wir sind von der Firma abhängig, aber nicht von anderen Leuten, die über uns bestimmen können. Wir haben es im Gegenteil selbst in der Hand, wie alles weitergeht. Dafür müssen wir wachsam sein und offen für notwendige Veränderungen, über die wir aber zum Schluss selbst entscheiden. So betrachtet, sind wir eigentlich nur von uns selbst abhängig.

 Dann ist es aber äußerst wichtig, dass wir selbst die richtigen Entscheidungen treffen und die Zeichen der Zeit rechtzeitig erkennen! Können wir das denn?

 Du hast völlig recht und ich glaube an dem Punkt an uns. Das solltest Du auch tun. Wir kennen uns doch lange genug. Wir sind einfach gut!

Mit dem Test „Diagnose unserer Zusammenarbeit" können Sie herausfinden, ob Sie als Unternehmerpaar in der Firma Verbesserungsmöglichkeiten haben. Er steht für Sie zum Download auf **www.powerpaare.net** zur Verfügung. Mit dem QR-Code im Verzeichnis der Arbeitsmittel am Ende dieser Region auf Seite 159 gelangen Sie direkt zum Dokument.

Auf der **zweiten Halb-Etappe** wird das Gelände etwas unwegsamer. Hier dreht sich alles um das Privatleben. Wieso ist das eigentlich wichtig? Haben Unternehmerpaare das Recht auf ein eigenes Privatleben oder sollten sie ihr Leben lieber ganz der Firma widmen, die dann ihr (vielleicht einziges) „Baby" bleibt? Eben haben wir gesagt: „Ohne florierende Firma kein entspanntes Privatleben!" Stimmt, aber wer sorgt denn dafür, dass die Firma floriert? Das ist an erster Stelle das Unternehmerpaar und dann sein Team. Und weil die Inhaber nun mal der Motor in der Firma sind, halten wir gleich am Anfang des Streckenabschnitts eins fest: Die Energie, die wir für eine florierende Firma brauchen, beruht auf einer glücklichen Paarbeziehung und einem harmonischen Familienleben. Was man dafür tun kann, haben wir in den vier Etappen der Region „ICH & DU" beschrieben. Wir haben übrigens noch nie gehört, dass ein übermächtiges Privatleben die Firma ruiniert hat. Umgekehrt haben wir öfter Menschen getroffen, die berichten konnten, dass die übermächtige Firma Ehe und Familie zerstört hat. Davon handelt auch eine Zuschrift, die wir von einem Betriebsinhaber erhalten haben und die wir hier anonym auszugsweise wiedergeben: „ ... ich habe eine solche Ehe gerade hinter mir und weiß, wovon sie schreiben und wovon ich rede. Man kann sagen, dass die Ehe letztendlich daran gescheitert ist, dass die Arbeit nie aufgehört hat, dass kleine Meinungsverschiedenheiten noch beim Abendbrottisch dabeisaßen, und sogar noch mit ins Bett geschlüpft sind. Man muss als Ehepartner sicher auch ein gerüttelt Maß an Professionalität mit in die Ehe bringen, um mit der Situation 24/7 klarzukommen. Meine Frau hatte es nicht und ist geflüchtet ..."

Was ist es, was dann auf der Strecke bleibt?

Zunächst die Befriedigung der persönlichen Bedürfnisse beider Partner, die Zeit brauchen für Hobby, Fitness und Freunde. Dann leidet erheblich die Paarbeziehung, denn wer dauernd seine persönlichen Interessen zurückstellen muss, hat selten die Kraft, die man für die Pflege der Beziehung braucht. Und eins wollen wir hier ausdrücklich festhalten: In der Firma gelingt es nicht, die Paarbeziehung zu pflegen, auch wenn man da permanent zusammen ist. Der Betrieb ist einfach nicht der Ort dafür. Da hat man anderes zu tun und das ist auch völlig in Ordnung. Das heißt im Klartext, auch für die Pflege der Paarbeziehung muss man Zeit reservieren, sonst findet sie nicht statt! Wie wichtig das ist, haben wir immer im Urlaub gemerkt. Das war für uns jedes Mal persönliche Erholung und Heilungsphase für die Beziehung. Da gab es keinen Streit, sondern nur Spaß und Freude. Ohne diese Freiräume wäre unser Leben als Unternehmerpaar vermutlich anders verlaufen. Aber so haben wir immer wieder gemerkt, dass unsere Beziehung in Ordnung war und dass der Stress aus der Firma kam. Das zeigte sich auch daran, dass sich Streite bei uns fast immer um geschäftliche Themen gedreht hatten. Zum Schluss kommt die Familie zu kurz, wenn man nur an die Firma und die Arbeit denkt, besonders die Kinder. Bei uns war das so, weil die Firma phasenweise das Familienleben krass dominiert hat. Und über weite Strecken haben wir es nicht geschafft gegenzusteuern. In unseren Vorträgen haben wir schon oft erzählt, dass die 13-jährige Tochter eines Sonntags vom Frühstückstisch aufstand und ankündigte, zu einer Freundin ziehen zu wollen. „Warum das denn?" Antwort: „Weil Ihr immer nur über Eure Firma redet!" Das war für uns ein Weckruf und wir haben daraus gelernt, dass Familienrunden „firmenfreie Zone" sind. Da geht es um die persönlichen Freuden, Probleme und Pläne von Kindern und Eltern und nicht um Kunden, Mitarbeiter oder Aufträge. Außerdem glauben wir, dass es keine wirksamere Methode gibt, den Kindern die Idee der Unternehmensnachfolge zu vermiesen, als die Sorgen aus der Firma mit an den Familientisch zu nehmen.

Was kann man nun tun, um die friedliche Koexistenz von Firma und Privatleben sicherzustellen? Einige Unternehmerpaare schwören darauf, dass es schon ein großer Vorteil ist, wenn Firma und Wohnhaus räumlich getrennt sind. Sie haben die Erfahrung gemacht, dass sich dann Geschäftliches und Privates nicht so stufenlos vermischen können wie auf einem Grundstück. Da kann etwas dran sein. Wir erinnern uns an ein extremes Beispiel, wo eine Autowerkstatt auf dem Land aus alter Tradition auch noch zwei Zapfsäulen für Diesel und Benzin hatte. Tankstelle möchten wir das nicht nennen. Das Wohnhaus stand direkt daneben, mit dem Effekt, dass selbst am Sonntagabend Leute dort geklingelt haben, weil sie fünf Liter Sprit für den Reservekanister kaufen wollten. Das Unternehmerpaar hat die Zapfsäulen dann irgendwann einfach abgeschafft. Wir haben aber auch Paare getroffen, die glauben, dass es zum Schluss Zeit spart, wenn Betrieb und Privathaus auf einem Grundstück stehen. Wenn einem dann am Samstagnachmittag etwas Wichtiges einfällt, das man vergessen hat, dann kann man eben schnell hinüberlaufen und muss nicht erst etliche Kilometer mit dem Auto fahren. Die Zeit hat man dann schon mal gespart! Fazit dazu: Jede Situation ist anders und jeder Unternehmer tickt anders. Alle müssen in dieser Frage ihren Weg finden, wenn sie überhaupt eine Wahl haben.

Was ist nun unser Resümee zum Thema Trennung von Firma und Privatleben? Es lautet: Wir müssen nicht die Firma vor dem ausufernden Privatleben retten, aber das Privatleben vor der allgegenwärtigen Firma beschützen. Es geht um das Wertvollste, was wir haben, um Zeit. Privates, also freie Zeit, will geplant sein, sonst verbringt man sie zum Schluss doch in der Firma oder am häuslichen Schreibtisch mit geschäftlichen Themen. Und diese Zeit will verteidigt werden gegen alle Versuchungen, die aus der Firma herüberwinken. Gut sind feste Termine, zum Beispiel für Familienmahlzeiten, oder regelmäßige Spaziergänge, Fahrradtouren oder Ähnliches, die wirklich nur ausnahmsweise verschoben werden. Das sind die Familienrituale, von denen wir schon gesprochen haben. Um den Feierabend, die Wochenenden und den Urlaub genießen zu können, muss geregelt werden, ob und wenn ja, wie Sie per Smartphone erreichbar sind. Das ist individuell ganz verschieden. Da muss jeder einen tragfähigen Kompromiss finden, der auf seine Situation passt.

Zum Schluss ein Wort zur Planung. Wir haben heute alle die Möglichkeit, Termine elektronisch zu verwalten und an allen Orten sowie auf allen Geräten zu jeder Zeit darauf zuzugreifen. Nutzen Sie diese Möglichkeit und planen Sie geschäftliche und private Termine in einem Kalender. Dann merken Sie sofort, was geht und was nicht geht. Gewähren Sie sich gegenseitig Einsicht in Ihre Kalender, dann weiß man auch immer, zu welchen Zeiten beide noch frei sind und wo man mögliche private Dinge noch einplanen kann. Diese Art der Terminverwaltung ist keine Überorganisation, sondern eine wirksame Hilfe bei der Trennung von Privatleben und Geschäft.

Was sagen Herz und Verstand dazu?

 Ha! Ich hab's doch gleich gewusst. Nicht nur die Firma ist wichtig, wir sind es auch! Ohne uns gäbe es die Firma nämlich gar nicht!

Ja, das ist der menschliche Faktor! Aber ohne die Firma ginge es uns wahrscheinlich auch nicht so gut, oder?

 Oder besser, man weiß es nicht!

Das ist ja unsere eigenverantwortliche Entscheidung. Wie gehabt! Jeder ist in gewisser Weise für sein Leben selbst zuständig.

Entscheidend ist ja wohl, dass man mit seinen eigenen Entscheidungen auch glücklich ist.

 Stimmt 100%ig. Ja, wer mit seiner beruflichen oder privaten Situation nur negative Gefühle verbindet, sollte etwas ändern. Aber meine persönliche Ansicht kennst Du ja: Das ist weitgehend eine Frage der Haltung, die ich zu den Dingen einnehme. Und an der kann man arbeiten!

 Dafür bist Du aber zuständig!

Mit unserem Test „Firma und Privatleben" können Sie herausfinden, ob Sie bei der Trennung von Firma und Privatleben noch Verbesserungsmöglichkeiten haben. Sie finden ihn im Verzeichnis der Arbeitsmittel am Ende dieser Region auf Seite 159. Mit dem QR-Code gelangen Sie direkt zum Dokument auf **www.powerpaare.net**.

Worauf kommt es beim Thema Firma und Privatleben an?

- Klären und respektieren Sie in der Firma Ihre Arbeitsteilung!
- Machen Sie diese Aufgabenteilung nach innen und außen bekannt!
- Besprechen Sie geschäftliche Themen in der Firma und nicht zu Hause!
- Reservieren Sie sich einen festen wöchentlichen Termin dafür!
- Vertreten Sie den Mitarbeitern gegenüber immer eine gemeinsame Linie!
- Nehmen Sie keine privaten Themen mit in die Firma!
- Nehmen Sie möglichst wenig Geschäftliches mit nach Hause!
- Schaffen Sie zu Hause und im Urlaub absolut „firmenfreie Zonen"!
- Regeln Sie Ihre Erreichbarkeit an Wochenenden und im Urlaub konsequent!
- Planen Sie private Termine, Freizeit und Urlaub verbindlich!

Was hat die Trennung von Firma und Privatleben mit unserer Haltung zu tun? Ganz einfach: Mit einer respektvollen Haltung sich selbst gegenüber und einer liebevollen Haltung zu Ihrer Partnerschaft fällt die Trennung leichter. Denken Sie an Ihre Selbstliebe und an die Pflege Ihrer Paarbeziehung! Vergessen Sie aber auch nicht Ihre Verantwortung für die Firma. Es geht um die Balance im magischen Dreieck. Alle drei, die Einzelpersonen, die Paarbeziehung und die Firma, sollen zu ihrem Recht kommen.

10. Etappe: Menschen in Beruf & Privatleben

Streckenprofil: Kunden begeistern und von ihnen lernen, Mitarbeiter wertschätzen, motivieren und entwickeln, Familie und Freundschaften hegen und pflegen.

Die 10. Etappe handelt von den Menschen, denen wir im beruflichen und im privaten Umfeld begegnen. Da fallen uns komischerweise immer erst die problematischen Figuren ein, die Quälgeister: penetrante Kunden, unflexible Geschäftspartner, begriffsstutzige Mitarbeiter, unpünktliche Lieferanten, nervige Nachbarn und manchmal auch der eigene Partner, wenn er schlecht drauf ist. Dabei gibt es auch Menschen, die uns guttun oder die uns am Herzen liegen, aus persönlichen oder geschäftlichen Gründen. Wie wir mit denen umgehen sollten, die uns Kraft geben, und mit denen, die uns Energie rauben, ist unser Thema und dazu gäbe es so viel zu sagen, dass man damit auch ein eigenes Buch füllen könnte. Doch wir haben die beiden Halb-Etappen, Menschen im Beruf und Menschen im Privatleben, sinnvoll gestrafft, sodass Unternehmerpaare mit vertretbarem Leseaufwand das Wichtigste mitnehmen können. Generell vertreten wir die Meinung, dass die Beziehungen zu allen Mitmenschen auf tolerante und stimmige Weise gelebt werden wollen. Uns bleibt sowieso nichts anderes übrig, als die Menschen so zu nehmen, wie sie sind, denn viel ändern kann man da mit vertretbarem Aufwand meistens nicht. Steuern können wir aber, wie nah wir jemanden an uns heranlassen. Man muss nicht jeden gleich heiraten oder adoptieren, doch zur wertschätzenden Zusammenarbeit oder zum gleichwertigen Nebeneinander sollte es immer reichen. Am besten funktioniert das, wenn Sie die innere Einstellung haben: Ich bin o. k. und Du bist o. k.!

Auf der **ersten Halb-Etappe** dreht sich das Rennen um die Menschen, mit denen wir beruflich zu tun haben, also Kunden, Lieferanten und Mitarbeiter.

Wir starten mit den Kunden. Alle wollen glückliche Kunden. Weniger, weil die alle so nett sind, sondern weil sie pünktlich zahlen, nach Möglichkeit wiederkommen und im Idealfall die Firma weiterempfehlen sollen. In Zeitschriften und im Internet wird viel geschrieben über Kundenerwartungen, Kundenzufriedenheit und Kundenbegeisterung. Wo ist der Unterschied?

Kunden erwarten die Lösung von Problemen oder die Erfüllung von Wünschen, keinesfalls wollen sie negative Erfahrungen machen. Wer will schon enttäuscht werden oder andere negative Gefühle zurückbehalten? Sind die Kundenerwartungen nicht erfüllt, ist der Kunde unzufrieden und bald weg. Sind sie erfüllt, spricht man von einem zufriedenen Kunden. Der hat allerdings keine innere Bindung zum Lieferanten. Er hat das bekommen, was ihm zusteht: Leistung gegen Geld. Solche Kunden sind nur so lange treu, bis sich etwas Besseres findet. Anders die begeisterten Kunden. Ihre Erwartungen wurden übererfüllt durch besondere Freundlichkeit, Wertschätzung oder Hilfsbereitschaft. Die Firma hat es geschafft, den Kunden damit zu überraschen. Solche Kunden gehen eine innere Bindung zum Lieferanten ein, sind eher treu und weniger preissensibel.

Kundenzufriedenheit und Kundenbegeisterung

Sachlich zufriedene, aber emotional ungebundene Kunden, die im Prinzip wechselbereit sind	**Begeisterte Kunden, die Empfehlungen aussprechen und der Firma treu sind**
Unzufriedene Kunden, die keine emotionale Bindung zur Firma haben und abwandern	**Enttäuschte Kunden mit emotionaler Bindung, die der Firma eine 2. Chance geben**

Zufriedenheit (sachlich) — Begeisterung (emotional)

Die Erfüllung oder gar Übererfüllung von Kundenerwartungen funktioniert nicht immer reibungslos, wie wir alle wissen. Ein Beispiel: Der Kunde stellt an einem Wintertag fest, dass seine Heizung nicht mehr läuft, und fürchtet, dass es in seinem Haus bald sehr ungemütlich wird. Er ruft den Installationsbetrieb an, bei dem er Kunde ist. Gleich nach dem Anwählen bemerkt er die Rufweiterschaltung und dann meldet sich aus einem fahrenden Auto ein Mitarbeiter. Der gerät gleich in Panik. Nein, der Chef ist in Urlaub und sie wären unterwegs und hätten wahnsinnig viel zu tun. Also, ob sie das in dieser Woche noch schaffen könnten, sei unsicher. Der Kunde war enttäuscht. Er hatte erwartet, dass sein „Hausinstallateur" in einer solchen Notsituation helfen würde, schließlich hatte er die Notfallnummer gewählt. Ergebnis: ein unzufriedener Kunde. Weil sein Haus nicht auskühlen sollte, wendet er sich an den Wettbewerber des Installateurs, spielt dort mit offenen Karten, indem er sagt, wo er normalerweise Kunde ist, und schildert sein Problem. Antwort: „O. k., ich komme mal eben vorbei!" Seine Erwartungen wurden nicht nur erfüllt, sondern übererfüllt. Er war eigentlich darauf vorbereitet, dass man ihm sagt: „Sie sind ja woanders in Betreuung, da müssen die das Problem auch lösen, wir haben leider keine Zeit!" Doch dann kam die positive Überraschung. Ergebnis: ein begeisterter Kunde. Nachdem das Problem auch noch gleich gelöst werden konnte, hatte der hilfsbereite Installateur einen neuen Fan gewonnen, der diese Geschichte im Freundes- und Bekanntenkreis weitererzählte. So bekam der Ruf des „Hausinstallateurs" einen Kratzer, während der andere weitere Neukunden begrüßen konnte. Was kann man aus diesem Beispiel lernen? Wir sehen vier Dinge, auf die Unternehmerpaare im Umgang mit Kunden achten sollten:

1. Erreichbarkeit

Das ist ein absolutes Muss. Besetzte Telefonleitungen, Anrufbeantworter, die nicht weiterhelfen, oder ein komplettes Ignorieren von E-Mails passen einfach nicht mehr in die Landschaft. In unserem Beispiel war die Erreichbarkeit gewährleistet, es fehlte nur an der Hilfsbereitschaft oder die Kapazitäten waren falsch geplant.

2. Aufmerksamkeit

Hier geht es um Interesse und Wertschätzung. Welche Wünsche, Fragen oder welches Problem hat der Kunde? Da sollte man sich zunächst Mühe geben, das genau zu verstehen und angemessen zu reagieren. Der Kunde muss spüren, dass da jemand ist, der sich für ihn und sein Problem interessiert.

3. Hilfsbereitschaft

Wenn Kunden in einer schwierigen Lage sind und Hilfe brauchen, sollte man nicht lange zögern, sondern helfen, wo man kann, und den Kunden auf keinen Fall „im Regen stehen lassen". Wer da richtig agiert, macht Kunden zu echten Fans, nicht nur auf Facebook.

4. Zuverlässigkeit

Hier geht es darum, das zu halten, was man verspricht, also auch darum, nicht zu viel zu versprechen. Denn wer dem Kunden den Himmel auf Erden verspricht und ihn dann in die Hölle der Unzuverlässigkeit schickt, macht sich mit Sicherheit keine Freunde. Das gilt vor allem für Terminzusagen und für versprochene Angebote. Im Internet sprechen sich solche Versäumnisse schnell herum.

Eigentlich sind diese vier Punkte nichts Besonderes, aber sie durchgehend im Unternehmen einzuhalten, setzt voraus, dass sie zur Firmenkultur werden. Und da sind Chef und Chefin in der Pflicht.

Die nächste Gruppe, auf die wir kurz schauen wollen, sind Lieferanten und Kooperationspartner. Was sollten Unternehmerpaare da beachten? Im Prinzip nur die alte Weisheit, dass ein Geschäft immer beiden Seiten Spaß machen muss. Wohin das führen kann, wenn Lieferanten sich nach Gutsherrenart behandelt und übervorteilt fühlen, hat unlängst selbst so ein Großer wie Volkswagen erfahren müssen. Kleine und mittelständische Firmen achten am besten gleich zu Beginn einer Geschäftsbeziehung darauf, dass alles passt, die Qualität, die Pünktlichkeit und der Preis. Man sollte für seine Lieferanten nicht total unwichtig sein und auf der anderen Seite dem anderen auch die Chance zum Geldverdienen lassen. Die Psychologen sprechen dann von einer Win-Win-Situation. Es macht eben beiden Spaß, beide Seiten profitieren. Im Prinzip gilt das auch für Kooperationen jedweder Art. Außer dass es hier noch wichtiger ist, dass auch die „Nasen" zusammenpassen. Sie können nämlich sicher sein, dass es in jeder Kooperation auch kritische Momente und Phasen gibt, die man besser übersteht, wenn das persönliche Verhältnis positiv ist. Gehen Sie also keine Kooperation ein, wenn Sie nicht überzeugt sind, dass der neue Partner qualitativ zu Ihnen passt, gut organisiert ist, ein vernünftiges Preis-Leistungs-Verhältnis bietet und persönlich umgänglich ist.

Neben den Kunden die wichtigste Gruppe sind die eigenen Mitarbeiter, denn jede Firma ist nur so gut wie die Leute, die gerade da arbeiten. In vielen Branchen gilt das Problem des Fachkräftemangels wirklich. Gute Auszubildende sind immer schwieriger zu finden. Erstens gibt es weniger Jugendliche und zweitens wollen immer mehr studieren, statt eine Ausbildung zu machen. Trend zur Akademisierung der Gesellschaft nennt man das. Auf der anderen Seite gehen die geburtenstarken Jahrgänge aus der Vergangenheit langsam, aber sicher in den Ruhestand und müssen ersetzt werden. Hinzu kommt, dass in vielen Betrieben die Auftragsbücher voll sind. Es werden also mehr Leute gebraucht als vorher. Im Handwerk beispielsweise ist die Beschäftigung seit 2011 kontinuierlich gestiegen und das geht bisher so weiter. Was können Betriebe tun, um Mitarbeiter zu finden?

• Jede Firma hat eine Persönlichkeit, ist geprägt von den Inhabern, vom vorhandenen Team, hat ihre Stärken und Schwächen, ihr spezielles Betriebsklima und ihre ganz eigene Kultur.

Über diese Unternehmenspersönlichkeit muss man zunächst Klarheit gewinnen, bevor man sich an den (Arbeits-)Markt wendet.

- Die Erwartungen der Bewerber sind der zweite Gesichtspunkt bei der Personalsuche. Warum soll sich ein Bewerber für Ihre Firma entscheiden? Ist es die interessante Arbeit, ist es das vertrauenswürdige Unternehmerpaar, sind es Ihre Produkte, das tolle Team, Karrieremöglichkeiten, flexible Arbeitszeitmodelle, Weiterbildungsangebote oder, oder, oder?

- Als Drittes sollten Sie sich umschauen, mit welchen Angeboten und Argumenten sich die Konkurrenz um Bewerber bemüht. Sind das die gleichen Vorteile, die Sie auch bieten, oder gibt es Dinge, die nur bei Ihnen zu finden sind? Dann sollten Sie die in Ihrer Kommunikation besonders herausstellen.

- Sind diese Voruntersuchungen und Überlegungen abgeschlossen, können Sie darangehen zu formulieren, was Ihre „Arbeitgebermarke" ist. Was macht Ihr Unternehmen als Arbeitgeber aus? Was ist einzigartig und besonders? Formulieren Sie kurz und knapp eine Kernaussage dazu! Und vielleicht auch noch einen Slogan, wenn sich das anbietet.

Markenhierarchie

Unternehmensmarke	
Produktmarke	Arbeitgebermarke

- Dann beschreiben Sie die Stelle, die Sie besetzen wollen. Was sind die Aufgaben, was sind Ihre Leistungen, die Bewerber erwarten können? Idealerweise existieren sowieso Stellenbeschreibungen in der Firma, dann können Sie darauf einfach zurückgreifen.

- Zum Schluss geht es um die Kanäle, über die Sie Ihr Stellenangebot bekannt machen wollen. Was ist da besonders effizient? Laut „Human Resources Manager" ist die Kanaleffizienz, also das Verhältnis von Stellenausschreibung zu tatsächlichen Einstellungen, bei den Internet-Jobbörsen am besten, gefolgt von Zeitungsanzeigen und Stellenanzeigen auf der eigenen Website. Bei kleinen Unternehmen haben sich persönliche Kontakte bewährt, insbesondere Empfehlungen von Mitarbeitern. Social Media und Arbeitsagenturen waren die Schlusslichter in der Studie.

- Die Stellenanzeige ist auch immer eine Imageanzeige, die Ihre Arbeitgebermarke transportieren kann. Ein schönes Beispiel sind die Personalanzeigen der Metzgerei Hack in Freising.

Diese Anzeigen sind einfach anders als die andern und haben der Firma eine Menge Bewerber gebracht. Also: Raus aus den ausgetretenen Pfaden und Mut für Neues haben!

- Bei der Suche nach Mitarbeitern haben viele Betriebe gelernt, sich beim Anforderungsprofil etwas flexibler zu verhalten als in der Vergangenheit. Bei manchen Handwerksbetrieben haben wir gehört: Erste Branchenkenntnisse, Deutsch in Wort und Schrift und Führerschein. Auch die Zielgruppen werden heute weiter gesteckt, zum Beispiel werben technische Betriebe um Mädchen als Azubis, Abiturienten werden mit dem Angebot „Lehre plus Studium" umworben, älteren Arbeitskräften werden Chancen eingeräumt, ebenso wie Jugendlichen mit Migrationshintergrund.

Zu der Frage, wie man Mitarbeiter findet, haben wir die Checkliste „Arbeitgebermarke und Mitarbeitersuche" entwickelt. Sie steht Ihnen auf **www.powerpaare.net** zum Download zur Verfügung. Mit dem QR-Code im Verzeichnis der Arbeitsmittel am Ende dieser Region auf Seite 159 gelangen Sie direkt zum Dokument.

Hat man die Mitarbeiter an Bord, geht es um die richtige Führung. Oft wird dann gleich von Motivation gesprochen, als ob die Leistungsbereitschaft über Führung hergestellt werden muss. Das ist aber ein Trugschluss. Wenn die nötige Eigenmotivation fehlt, kann man von außen nichts erreichen. Durch Führungsfehler lässt sich die Eigenmotivation aber nach und nach zerstören. Was ist wesentlich? Gute Mitarbeiter suchen Herausforderungen, wollen Erfolgserlebnisse und Verantwortung. Die Aufgabe der Führung ist es, diesen Leuten die Gelegenheiten dafür zu bieten. Sie erinnern sich an unseren Handwerksmeister, der alles selbst machen wollte, sich aber gleichzeitig beschwerte, dass er aus dem Hamsterrad nicht herauskam? Er hatte seinen Leuten lange Zeit keine Gelegenheiten gegeben, sich zu beweisen, weil er Angst davor hatte, dass Fehler passieren. Unterdessen hat er sich umgestellt und gute Erfolge damit, Verantwortung abzugeben. Nicht jeder Mitarbeiter übernimmt gern Verantwortung, das muss man auch sehen, aber es sollten überall genug da sein, die das gerne tun. Voraussetzung ist eine generelle Arbeitszufriedenheit. Unzufriedene Mitarbeiter übernehmen keine Verantwortung. Stimmt aber die Basis der Zufriedenheit, dann kann man in die zweite Stufe, die Motivation, einsteigen und durch gezielte Delegation den Inhalt der Arbeit aufwerten und dem Mitarbeiter das Gefühl geben, dass seine Arbeit einen Sinn hat, nicht nur für den Chef, sondern auch für die Kunden und damit für die Allgemeinheit. Delegation heißt auch Kontrolle. Wer darauf verzichtet, handelt fahrlässig. Der Mitarbeiter sollte auch wissen, dass sein Arbeitsergebnis kontrolliert wird, das muss man offen handhaben. Heimliche Kontrollen untergraben das Vertrauen.

Die Pyramide der Mitarbeiterloyalität

Identifikation
Sinn in der Arbeit, Vertrauen, Freiheiten

Motivation
Balance von Fördern und Fordern, eigener Verantwortungsbereich, offene Informationen, Weiterbildung, Anerkennungskultur

Arbeitszufriedenheit
Gesunder Arbeitsplatz, gutes Betriebsklima, faire Bezahlung, gute Infrastruktur, angenehmes Umfeld

Verantwortung zu übernehmen bedeutet manchmal auch, vom Kollegen zum Chef zu werden. Ein exzellenter Mitarbeiter wird Teamleiter oder Truppführer. Oft ist der Start dann holprig, weil die neue Führungskraft Probleme damit hat, beim Arbeitsergebnis von der Leistung des Teams abhängig zu sein und nicht mehr nur von der eigenen Arbeitsleistung. Es kommt zu Reibereien und die Motivation schwindet. Was kann man vorbeugend tun? Im Vorfeld sollte mit der möglichen Nachwuchsführungskraft geklärt werden, ob er oder sie überhaupt Spaß an der Führung anderer hat. Folgende Fragen sind wichtig: Trifft der Mitarbeiter gerne Entscheidungen? Legt er klar fest, wer für was verantwortlich sein soll? Bildet er gerne andere Mitarbeiter aus? Kann er gut erklären? Ist er in der Lage, konstruktive Kritik zu üben? Wenn das bejaht werden kann, geht es noch darum, die praktische Arbeitssituation möglichst realistisch zu besprechen, inklusive der Probleme, die es dabei geben kann. Schließlich wird man einige Wochen vor der Beförderung festlegen, auf welchen Feldern noch ein Weiterbildungsbedarf besteht, und die betreffenden Maßnahmen rechtzeitig einleiten.

Das Ganze spielt sich im Rahmen einer systematischen Personalentwicklung ab, die wir auch kleinen Unternehmen empfehlen. Sie ist ein wichtiger Baustein zur Bewältigung des Fachkräftemangels. Da mag jetzt manch einer denken: „Das ist doch nur was für die Großen!" Das stimmt aber nicht. Auch kleine Unternehmen können dabei nur gewinnen. Worum geht es bei der Personalentwicklung? Die Ziele sind:

- Genau zu wissen, welche Fähigkeiten und welche Einstellungen auf den verschiedenen Positionen in der Firma benötigt werden, um die Unternehmensziele zu erreichen.
- Alle Mitarbeiter im Hinblick auf zwei Dimensionen einzuschätzen, nämlich auf ihr Potenzial, also das, was sie leisten könnten, und auf ihre tatsächliche aktuelle Leistung. Und zwar im Konsens der beteiligten Führungskräfte, in der Regel also zunächst im Einvernehmen zwischen Chef und Chefin.
- Definieren von Weiterbildungs- und anderen Fördermaßnahmen, um den Mitarbeiter noch besser zu befähigen, seine Aufgaben zu erfüllen beziehungsweise „seine PS auf die Straße zu bringen".
- Regelmäßiges Führen eines Beurteilungs- und Entwicklungsgespräches, das protokolliert und unterschrieben wird. Das Protokoll ist dann Grundlage für das Gespräch im kommenden Jahr.
- Sicherstellen und kontrollieren, dass die beschlossenen und versprochenen Fördermaßnahmen wirklich getroffen werden.
- Etablieren eines Systems, das von Jahr zu Jahr immer weiterläuft und so eine nachhaltige Personalentwicklung ermöglicht.

Quelle: Karsten Böhme, Strategische Personalentwicklung

Was wird benötigt?

Zunächst Stellenbeschreibungen! „Wozu das denn?", haben wir öfter gehört. Gerade in kleinen Unternehmen sind Stellenbeschreibungen sinnvoll, weil sie zum Schluss eine Menge Arbeit ersparen. Wer eine Stellenanzeige schalten will, kann darauf genauso zurückgreifen wie derjenige, der ein Arbeitszeugnis schreiben muss. Stellenbeschreibungen zeigen ein aktuelles Abbild des Unternehmens dar und verändern sich, wenn die Firma wächst. Es kommen Stellen dazu, die Aufgaben auf anderen Stellen werden aktualisiert.

Als Zweites werden das Unternehmerpaar und eventuell weitere Führungskräfte einmal jährlich Zeit investieren müssen, um zu einer gemeinsamen Beurteilung aller Mitarbeiter zu kommen. Hilfsmittel dabei sind Mitarbeiterprofile, die der jeweils zuständige Vorgesetzte an alle Entscheider in der Runde verteilt.

Dann ist es Zeit, die Jahresgespräche zu führen. Die wollen auf der Basis der gemeinsamen Beurteilung gut vorbereitet sein. Regelmäßige Feedback-Gespräche werden bei ungefähr einem Drittel der kleinen und mittleren Betriebe geführt. Wo das passiert, sind die Erfahrungen überwiegend positiv. „Die Mitarbeiter fordern das ein", hören wir immer wieder. Kein Wunder, denn solche Gespräche zeigen dem Mitarbeiter, dass sein Chef sich mit ihm und seiner Situation auseinandersetzt. Er empfindet das als Zuwendung. Für die Führungskräfte ist die Vorbereitung und Durchführung der Gespräche mit einem gewissen Aufwand verbunden, aber es lohnt sich! Die Gespräche müssen in ruhiger Atmosphäre ohne Zeitdruck geführt werden. In kleinen Unternehmen immer vom Unternehmerpaar selbst. In anderen Konstellationen von der verantwortlichen Führungskraft und einer weiteren Person, die protokollieren kann. In den Gesprächen wird auch entschieden, wie es für den Mitarbeiter weitergeht, welche Aufgaben er in Zukunft übernehmen soll und wie er in seiner Entwicklung gefördert werden kann. Die möglichen Fördermaßnahmen sind vielfältig: interne und externe Weiterbildung, Hospitieren in anderen Arbeitsbereichen, Übernahme einer Leitungsaufgabe und vieles mehr. Außerdem kann es um Themen wie familienfreundliche Arbeitszeiten, Teilzeit, Jobsharing und Verbesserungen der Work-Life-Balance gehen.

Mit einer systematischen Personalentwicklung sorgen Firmen dafür, dass möglichste viele Fach- und Führungskräfte aus den eigenen Reihen entstehen. Die Mitarbeiter fühlen sich wahrgenommen und betreut, die Identifikation mit der Firma steigt. Und das hat durchaus messbare

Folgen. In der Wirtschaftswoche war letztlich zu lesen, dass eine höhere Identifikation zu einer deutlichen Verringerung der Krankheitstage führt. Bei hoher Identifikation wurden 3,8 Fehltage gemessen, bei niedriger Identifikation waren es 8,8 Fehltage.

Im Verzeichnis der Arbeitsmittel am Ende dieser Region auf Seite 159 finden Sie vier Arbeitsblätter zur Personalentwicklung: eine Mustergliederung für Ihre Stellenbeschreibungen, eine Vorlage für ein Mitarbeiterprofil, einen Vorbereitungsbogen für Mitarbeitergespräche und ein Entwicklungsportfolio. Mit dem QR-Code gelangen Sie direkt zu den Dokumenten auf **www.powerpaare.net**.

Wenn wir den Fachkräftemangel erst nehmen, kommen wir am Thema Mitarbeitergesundheit nicht vorbei. Es gilt, auch ältere Mitarbeiter so lange wie möglich im Arbeitsprozess zu halten. Was kann man tun für die Gesundheit der Mitarbeiter? Seit Längerem kennen wir das Thema „Gefährdungsbeurteilung", die seit 2013 auch die Beurteilung psychischer Belastungen einschließt. Es geht um den gesunden Arbeitsplatz, die Schutzausrüstung, sofern erforderlich, die Prävention gegen Berufskrankheiten wie zum Beispiel Rückenleiden und die Vorbeugung psychischer Erkrankungen, die unterdessen bei 30 Prozent aller Fälle von Arbeits- und Erwerbsunfähigkeit eine Rolle spielen. Auch hier ist in kleineren Firmen Prävention Chefsache! Im Handwerk haben sich unterdessen sogenannte Tandemteams bewährt. Dabei bilden ein älterer und ein jüngerer Mitarbeiter ein Team. Der jüngere profitiert im Tandem von der Erfahrung und vom Know-how des älteren, umgekehrt erfährt der ältere eine Entlastung bei körperlichen Arbeiten und bekommt Impulse durch neue Ideen des jüngeren.

Genauere Informationen zum gesunden Unternehmen finden Interessierte im Internet bei der Bundesanstalt für Arbeitsschutz und Arbeitsmedizin (BAuA) oder zum Beispiel auch beim Deutschen Handwerksinstitut (DHI).

Eine Checkliste zur Gesundheit am Arbeitsplatz finden Sie im Verzeichnis der Arbeitsmittel am Ende dieser Region auf Seite 159. Mit dem QR-Code gelangen Sie direkt zum Dokument auf **www.powerpaare.net**.

Was sagen Herz und Verstand dazu?

 Die vier Regeln für den Umgang mit Kunden leuchten mir ein. Weißt Du warum?

Nein, sag' es mir!

 Weil ich selbst als Kunde genauso behandelt werden möchte.

O. k., leuchtet ein! Was hältst Du denn von den Tipps zum Finden von Mitarbeitern und Azubis?

 Nicht schlecht, auf vieles wären wir vielleicht allein auch gekommen, aber jetzt haben wir alles schön kompakt auf einer Seite. Die schwierigste Aufgabe ist meiner Ansicht nach, die eigene Attraktivität auf dem Arbeitsmarkt zu erhöhen. Da muss man sich echt was einfallen lassen!

Stimmt, ja, ist auch nicht einfach, aber anders geht es nicht. Dazu muss man allerdings genau wissen, was die Bewerber erwarten. Und auch gucken, was die liebe Konkurrenz so macht.

 Das können wir ja wohl herausfinden! Wo ich mich schwertue, das ist das Thema „Personalentwicklung". Ich weiß nicht, ob sich der Aufwand zum Schluss lohnt.

Ist sicher eine Menge Arbeit, besonders im ersten Jahr. Danach wird es schon besser, weil man auf den Vorarbeiten aufsetzen kann. Der große Vorteil ist, dass man sich wirklich mit den Mitarbeitern beschäftigt und keine Talente übersieht.

> **Worum geht es im Umgang mit Menschen im Berufsleben?**
> - Analysieren Sie Ihren Kundenstamm! Wer ist begeistert und wer ist gleichgültig „zufrieden"?
> - Entwickeln Sie eine Handlungsstrategie für beide Gruppen!
> - Kreieren Sie Ihre Arbeitgebermarke!
> - Suchen Sie gezielt neue Kollegen und Azubis, und binden Sie Ihr Team in die Suche ein!
> - Etablieren Sie ein einfaches System der Personalentwicklung in Ihrer Firma!
> - Haben Sie den Mut zu delegieren (und zu kontrollieren), sonst schaffen Sie es nie, aus dem Hamsterrad herauszukommen!

Auf der **zweiten Halb-Etappe** kümmern wir uns um die Menschen, die uns im Privatleben begegnen. Menschen im Privatleben können uns deutlich mehr Freude und Sorgen bereiten als die im Beruf. Das liegt daran, dass unsere emotionale Beteiligung hier unvergleichlich größer ist. Das gilt besonders für die engere Familie, also unseren Partner und unsere Kinder. Bei der Fahrt durch die Region ICH & DU haben wir uns intensiv damit befasst, was für die Pflege der Beziehung zum Partner wichtig ist. Eine glückliche Paarbeziehung kann uns durch schwere Zeiten tragen. Eine Krise in der Beziehung zieht den Beteiligten oft den Boden unter den Füßen weg. Wir wollen auf die Trennungssituation hier nicht näher eingehen, sondern nur kurz auf die möglichen Folgen schauen. Wenn sich ein Unternehmerpaar trennt, haben wir wahrscheinlich ein Problem in der Firma, denn die wenigsten Paare werden nach einer Trennung noch zusammenarbeiten wollen. Ist die Firma noch im Aufbau, kann das im Extremfall das Ende des Projektes „Selbstständigkeit" bedeuten. Das zweite Resultat einer Trennung ist eine Patchworkfamilie, sofern Kinder vorhanden sind. Diese neue Konstellation erfordert von allen Beteiligten mehr emotionale und organisatorische Energie und ist viel schwieriger zu leben als die alte Familie. Wo leben die Kinder? Kommen sie mit der neuen Situation klar? Wann kann der andere Partner sie sehen oder abholen? Wie verhalten sich die eventuellen neuen Partner des Elternpaares? Wie läuft das zu Weihnachten und an den Geburtstagen etc.? Das ist alles lösbar und viele getrennte Paare haben uns vorgemacht, dass man auch unter den Bedingungen glücklich sein kann. Man muss es im Interesse der Kinder nur vernünftig regeln. Wir selbst haben das auch hinter uns. Und obwohl die Kinder unterdessen alle über 30 Jahre alt sind, kommt es doch hin und wieder noch zu Komplikationen.

Aber egal, ob intakte Erstfamilie oder Patchwork, Zeit für die Kinder zu haben ist auf jeden Fall wichtig. Da können wir aus eigener Erfahrung nur sagen, dass das manchmal leichter gesagt ist, als getan. Beim Aufbau einer Firma oder in turbulenten Zeiten, die eine besondere Belastung für das Unternehmerpaar mit sich bringen, kommen die Kinder schon mal zu kurz. Wer die Möglichkeit hat, kann versuchen, das durch besondere gemeinsame Aktivitäten vielleicht an den Wochenenden zu kompensieren. Insgesamt ist das aber kein Spezialproblem von Unternehmer-paaren. Das geht angestellten Managern oft genauso. Im Interesse der eigenen emotionalen Gesundheit sollten Unternehmerpaare jedenfalls dafür kämpfen, dass ihnen die Familie als Rückhalt und geschützter, sicherer Raum erhalten bleibt, in dem sie Ruhe, Erholung und Zerstreuung finden und in dem ihre Kinder glücklich aufwachsen können. Kinder machen nun nicht nur Freude, sondern hin und wieder auch Sorgen oder in einem bestimmten Alter auch Ärger. Da passen beispielsweise Mutter und Tochter gar nicht mehr gut zusammen. Meistens kann der Partner die Lage dann entspannen. Er muss dabei aufpassen, dass er seiner Frau nicht in den Rücken fällt. Auch hier gilt, nur gemeinsam sind wir stark! Es kann übrigens sein, dass sich solche Dauerkonflikte, zum Beispiel über nicht aufgeräumte Zimmer, Internet- und Smartphone-Nutzung, total abweichende Lebensrhythmen am Wochenende oder Ähnliches, zum Schluss erst durch den Auszug des Kindes lösen. Danach ist meistens alles wieder in bester Ordnung. Pubertierende Kinder sind eben schwierig und behaupten das Gleiche von ihren Eltern. Aber auch diese Phase gehört dazu und nach ein paar Jahren können die meisten herzlich darüber lachen. Ernstere Probleme können durch Drogen entstehen oder durch falschen Umgang. Da gilt es, ein wachsames Auge auf die Entwicklung zu haben und immer zu versuchen, mit dem Kind im Gesprächskontakt zu bleiben. Aber was da auch kommen mag: Diese engere Familie muss man hegen und pflegen!

Echte Freunde sind rar und der Lackmustest auf die Freundschaft sind schwierige Situationen, in die jeder mal geraten kann, sei es gesundheitlich, sei es in der Firma oder in der Beziehung. Ein Studienfreund, der Pressesprecher bei einem internationalen Konzern war und auf Facebook mehrere Hundert „Freunde" hat, war sehr enttäuscht, wie viele dieser „Freunde" auf seine E-Mails nicht einmal mehr reagiert haben, nachdem er seinen Job nicht mehr hatte. Achten Sie darauf, welche Freunde Ihnen treu bleiben, wenn es schwierig wird! Diese Freundschaften lohnt es zu pflegen. Freunde kann man sich nämlich aussuchen im Gegensatz zu Verwandten, die mancher als Zwangsbekannte empfindet. Eigentlich kann man die erweiterte Familie, die Onkel und Tanten, Cousins und Cousinen auch genauso behandeln wie Bekannte. Mit dem einen kann man und mit dem anderen nicht. Man wundert sich darüber, dass Leute am falschen Fußballverein hängen, einen seltsamen Musikgeschmack haben oder die falsche Partei wählen. Da helfen Toleranz und Gelassenheit. „Jeder Jeck ist anders", sagen wir in Köln, und der Leitsatz auf dieser Etappe besagt, dass die Beziehungen zu anderen Menschen auf stimmige und tolerante Weise gelebt werden wollen. Ein besonders heikles Thema können Nachbarn sein. Nicht umsonst sind die Schiedsleute der Republik mit Streitereien um Bäume, die überhängen, Balkonkästen, die tropfen, oder Ähnliches ausgelastet. Schätzen Sie sich also glücklich, wenn Sie nette Nachbarn haben, und pflegen Sie diese Nachbarschaft, im eigenen Interesse!

Wir haben gesagt, dass wir entscheiden, wen wir wie nah an uns heranlassen. Wie sortiert man denn die Bekannten, Freunde und Verwandten? Was ist da ein brauchbares Kriterium? Zunächst mal die Sympathie. Wen finden wir einfach nett? Das entscheidet sich gleich im ersten Moment. Wenn wir einem Menschen zum ersten Mal begegnen, beantwortet unser Unterbewusstsein innerhalb von 1/100 Sekunden drei Fragen: Ist die Person sympathisch? Ist sie gefährlich? Und ist sie kompetent? Bei dieser Meinung unseres Unterbewusstseins bleiben wir dann in den meisten Fällen für den Rest unseres Lebens. Bei einem positiven Eindruck, der sich später bestätigt, ist das auch kein Problem. Bei einem negativen Eindruck kann man versuchen, die Situation aufzulösen, und zwar so:

Stellen Sie sich mal eine Person vor, mit der Sie ein Problem haben, und stellen Sie sich vier Fragen:

1. Was stört mich an der Person?

2. An wen erinnert mich diese Person?

3. Was kann diese Person gut?

4. Was muss geschehen, damit wir miteinander auskommen?

Am besten schreiben Sie die Antworten auf. Das ist bei der ersten Frage oft nicht so einfach, wenn sich eine diffuse Abwehrhaltung eingestellt hat, die den Blick auf die Realitäten erschwert. Die zweite Frage ist in vielen Fällen schon die Erklärung des Problems: Wir haben unterbewusst eine Übertragung vorgenommen, weil die Person uns an einen anderen Menschen erinnert, mit dem wir schlechte Erfahrungen gemacht haben. Die dritte Frage erfordert besondere Konzentration, ja oft Überwindung: Was soll denn an dieser Person positiv sein? Schauen Sie genau hin und Sie werden erkennen, dass jeder irgendetwas gut kann, vielleicht entdecken Sie sogar eine liebenswerte Seite an Ihrem „Feind". Zum Schluss kann man überlegen, was zu tun ist, um die Beziehung zu diesem, für einen selbst schwierigen Zeitgenossen stimmig und tolerant zu leben. Kommen Sie zu dem Ergebnis, dass der- oder diejenige nicht zu Ihnen passt, dann sortieren Sie ihn/sie aus. Das kann eine sehr befreiende Entscheidung sein.

Wer dieses Verfahren mal anwenden möchte, findet im Verzeichnis der Arbeitsmittel am Ende dieser Region auf Seite 159 das Arbeitsblatt „Mitmenschen". Mit dem QR-Code gelangen Sie direkt zum Dokument auf **www.powerpaare.net**.

Ein anderes Kriterium bei der Auswahl der Menschen, mit denen Sie Umgang haben wollen, ist die Energiebilanz. Sie kann positiv oder negativ ausfallen. Wir kennen nämlich im Prinzip zwei Sorten Menschen: diejenigen, die uns Kraft geben, und diejenigen, die uns Kraft rauben. Typen, die Ihnen Kraft rauben, sollten Sie nach Möglichkeit meiden oder auf Abstand halten. Woran erkennt man nun diese Energieräuber? Es handelt sich meistens um einen der folgenden Typen, die es natürlich jeweils in der männlichen und weiblichen Ausgabe gibt:

Der Selbstverliebte

Er ist temperamentvoll und kontaktfreudig, eine Bereicherung für den Bekanntenkreis, meint man zunächst. Dann fällt einem auf, dass er vielleicht ein bisschen viel redet, und mit der Zeit versteht man das Prinzip: Sie haben gerade angesetzt, etwas von sich zu erzählen, und schon hat der Selbstverliebte den Spieß umgedreht und erzählt von sich: „Ist mir auch letztlich passiert . . .", ist eine seiner typischen Überleitungen. Er hat kein Interesse an anderen Menschen und interessiert sich nur für sich selber und seine kleine Welt. Solche Typen haben null Empathie und sind nicht in der Lage, zuzuhören, geschweige denn, sich in andere hineinzuversetzen.

Der Supermann

Das sind die Leute, die immer alles besser gemacht haben als Sie: das bessere Restaurant gefunden, das tollere Konzert besucht, den besseren Film gesehen, das tollere Tennismatch gespielt, das schicke Kleid günstiger gekauft usw. Egal was Sie sagen, es wird immer gleich getoppt. Angeblich ist immer alles perfekt bei ihm, in Wirklichkeit ist er ein Angeber, der ständig der neuesten Mode hinterherläuft.

Der Streithansel

Er ist oft verbohrt und durch Argumente nicht zu überzeugen. Seine Meinung ist die einzig wahre, andere Meinungen tropfen von ihm ab, als ob er imprägniert wäre. Völlig resistent gegen alles, was sein Weltbild stört, will er die Sichtweise des anderen gar nicht verstehen und beginnt gern einen Streit, wo ein klärendes Gespräch ein einvernehmliches Resultat haben könnte. Das ist anstrengend und unproduktiv.

Der Rücksichtslose

Er verhält sich grenzüberschreitend und übergriffig, hält sich aber für völlig normal. Er nimmt sich Dinge heraus, die offen gegen die Regeln verstoßen, und hat dabei immer einen flotten Spruch parat. Er kann gut austeilen, aber beschwert sich sofort vehement, wenn jemand mit gleicher Münze zurückzahlt. Hat er jemanden verletzt, plagt er sich nicht mit Schuldgefühlen, sondern beklagt sich, dass alle so empfindlich sind und keinen Spaß verstehen.

Der Nassauer

Das ist jemand, der Sie ständig um einen „kleinen Gefallen" bittet, der immer Hilfe braucht, bei der Gartenarbeit, beim Renovieren oder bei Finanzfragen. Der auch gern private Jobs bei Ihnen ablädt, die er an sich selbst machen müsste, der nie Geld dabeihat und sich gern einladen lässt, aber vergisst, das Geld zurückzugeben oder selbst mal einzuladen und der sich (als Frau) gern mal ein Schmuckstück, Kleidung oder Küchenutensilien ausborgt, aber immer vergisst, die Sachen zurückzubringen. Da heißt es aufgepasst! Sie kennen ja das Sprichwort vom kleinen Finger und der ganzen Hand.

Das arme Schwein

Das ist jemand, der sich dauernd als Opfer präsentiert und aus dieser Rolle nie herauskommt.

Er zielt darauf ab, die Hilfsbereitschaft der anderen auszunutzen, vielleicht nicht bewusst, aber dafür umso wirkungsvoller. Es gibt ständig nur Probleme, mit dem Job, mit der Gesundheit, mit der Ehe oder mit dem lieben Geld. Sie können so viel helfen wie Sie wollen. Das hört nie auf.

Der Hektiker

Er steht schrecklich unter Druck und kommt überhaupt nicht zur Ruhe. Jetzt ist schon wieder ein neues Projekt auf ihn zugelaufen. Er kann sich gar nicht dagegen wehren, und morgen muss er nach München fliegen und von da gleich nach Berlin, und einen neuen Partner in der Schweiz hat er auch, wo er dann anschließend hinfliegt. Zu Hause macht er prinzipiell mindestens zwei Sachen auf einmal, rennt ständig hin und her und macht alle verrückt. Meistens ginge es auch etwas ruhiger, aber der Hektiker braucht eben viel Aufmerksamkeit.

Der Unberechenbare

Das ist ein sehr unangenehmer Mensch, weil er emotional sehr labil und nicht ausgeglichen ist. Sie bekommen das zu spüren, denn heute sind Sie die beste Freundin und morgen die Verräterin. Am nächsten Tag ist es dann wieder umgekehrt und jemand anderes muss als Feindbild dienen. Dieser ständige Wechsel kann einen völlig aus der Fassung bringen, wenn man emotional an dem Unberechenbaren hängt. Unser Tipp: den Umgang abbrechen und die emotionalen Leinen kappen!

Der Intrigant

Er ist eifersüchtig, neidisch und missgünstig und versucht seine Ziele auf Umwegen zu erreichen. Er manipuliert andere Menschen, um seine Interessen durchzusetzen. Dabei bedient er sich unsauberer Methoden. Er versucht, Ihnen Schuldgefühle zu bereiten, er lügt, ohne rot zu werden, oder erpresst mit emotionalem Druck. Er streut Gerüchte, um Sie auf seine Seite zu ziehen, oder spinnt Intrigen, um Ihnen und anderen zu schaden. Unser Tipp: Umgang unbedingt meiden!

Ihr Gefühl sagt Ihnen, ob Sie gerade einen Energieräuber getroffen haben oder einen Energielieferanten. Die positiven Begegnungen, wo man sich gegenseitig zuhört und dem anderen empathisch zugewandt ist, lassen ein Gefühl von verstanden werden und geborgen sein zurück, Sie fühlen sich gut und gestärkt. Die negativen Begegnungen hinterlassen ein Gefühl von Frust, Anspannung und Ärger.

Was sagen Herz und Verstand dazu?

 Dass man seine engere Familie hegen und pflegen muss, ist ja nun wirklich nicht neu!

Trotzdem kriegen das noch lange nicht alle hin und dann kann Familie ein ungelöstes Problem werden.

 Da bewundere ich es umso mehr, wenn Leute es schaffen, glücklich mit einer oder zwei Patchworkfamilien zu leben.

Ja, die können sich gratulieren, aber das ist gar nicht so selten! Mal ein anderes Thema: War Dir das mit dem Einschätzen von fremden Leuten in wenigen 1/100 Sekunden so klar?

 Na sicher, das läuft bei mir immer so! Was soll man darüber denn lange nachdenken? Das kommt bei mir aus dem Bauch heraus und meistens stimmt die erste Einschätzung sogar.

Prima fand ich die Energieräuber. Unterhaltsam auf der einen Seite, andererseits bin ich unseren Bekanntenkreis mal durchgegangen und habe einige Parallelen entdeckt!

 Das müssen wir aber zusammen mal etwas gründlicher machen! Verurteilt ist schnell.

Worum geht es im Umgang mit Menschen im Privatleben?

- Nehmen Sie sich Zeit für Ihre engere Familie! Vieles, was man da versäumt, kann man nicht nachholen!
- Bleiben Sie unbedingt in engem Kontakt zu Ihren Kindern, wenn Sie eine Patchworksituation haben!
- Pflegen Sie echte Freundschaften. Das lohnt sich, denn sie bleiben, wenn das aktive Berufsleben mal vorbei ist!
- Schauen Sie sich die Personen genau an, die zu Ihrem Verwandten- und Bekanntenkreis zählen. Meiden Sie Energieräuber!

11. Etappe: Entscheidungswege & -regeln

Streckenprofil: Überlegen, was ständig routinemäßig entschieden werden muss und was wirklich wichtige Entscheidungen sind. Festlegen, wer welche Dinge allein entscheiden kann. Grenzen definieren, die regeln, welche Entscheidungen nur gemeinsam getroffen werden, und sich dann an diese Regeln auch halten.

Auf der **11. Etappe** geht es nur um das Thema Entscheidungen. Streckenabschnitte gibt es nicht. Wir fahren allerdings durch schwieriges Gelände, viele Kurven, Höhen und Tiefen. Denn Entscheidungen sind immer ein Dilemma. Entscheidet man sich für das eine, ist das gleichzeitig eine Entscheidung gegen das andere. Man verliert also immer eine Option. Außerdem haben Entscheidungen manchmal Konsequenzen, die man nicht vorhersehen kann. Deswegen haben wir auch schon mal Angst, uns zu entscheiden. Aber nicht zu entscheiden, ist keine Lösung, weil das auch schon eine Entscheidung ist, nämlich dafür, dass alles beim Alten bleibt. Dennoch werden Entscheidungen auch schon mal auf die lange Bank geschoben, allerdings nur die wichtigen. Routineentscheidungen treffen wir alle bedenkenlos am laufenden Band. Nicht jeder neigt zur „Aufschieberitis", es gibt ja auch den spontanen Sofortentscheider, der sich auf sein Bauchgefühl verlässt. Das ist einer der drei Entscheidungstypen, die wir uns auf dieser Etappe näher anschauen wollen.

Alles, was wir bisher gesagt haben, trifft auf jede Entscheidung zu, die jemand allein zu treffen hat. Komplizierter wird die Sache, wenn man nicht allein entscheiden kann oder will. Das ist aber für Unternehmerpaare die normale Situation.

Bei uns in der Firma oder auch zu Hause würde eigentlich jeder am liebsten allein entscheiden. Das geht schnell und man hat den Kopf wieder frei. Motto: Augen zu und durch! Dabei wollen wir eins gleich festhalten: Entscheidungen sind nicht immer richtig. Denn Garantien gibt es hier nicht. Wer kann schon die Zukunft vorhersagen? Die Psychologie sagt, dass Fehlentscheidungen unvermeidlich sind. Komischerweise unabhängig davon, wie lange man sich vorher mit der Entscheidung herumgequält hat. Das sollte auch zu denken geben.

In der Firma weiß normalerweise jeder, was er oder sie allein entscheiden kann. Das regelt sich über die Aufgabenteilung und meistens auch über finanzielle Obergrenzen, die im Arbeitsvertrag oder der Stellenbeschreibung festgelegt sind. Bei größeren Investitionen entscheidet man normalerweise gemeinsam, oder auch beim Abschluss oder der Kündigung von wichtigen Verträgen. Doch auch im Privatleben stehen manchmal Entscheidungen an, die schwerwiegende Konsequenzen haben können. Will man beispielsweise die Wohnsituation verändern, stellt sich die Frage, ob ein neues Haus gebaut wird oder nicht, und wenn ja, wo? Nah am Betrieb oder eher im Nachbarort? Die Entscheidung über den Typ der weiterführenden Schule für den Nachwuchs macht man sich auch nicht leicht. Solche Dinge entscheidet man auch gemeinsam, weil sie die ganze Familie betreffen, genauso wie die Investitionsentscheidung die gesamte Firma betrifft. Beides sind keine Themen für einsame Alleinentscheidungen. Wenn Sie da alleine entscheiden, gibt es erfahrungsgemäß Ärger. Man setzt sich besser zusammen.

Das kann aber auch eine schwierige Situation werden. Wer die Idee hat und den Vorschlag einbringt, hat sich meistens gut darauf vorbereitet. Er wird seinen Plan stichhaltig begründen und hat sicher jede Menge Argumente, die er oder sie eloquent vorträgt. Der andere gerät dann leicht in die Defensive. Häufig passiert dann Folgendes: Er oder sie ist nicht so gut im Thema, hat aber auch keine Motivation, viel zu hinterfragen oder mehr Informationen einzufordern. Und am Schluss sagt er oder sie dann, ohne wirklich überzeugt zu sein, mehr aus Bequemlichkeit: „Na gut, dann mach' mal wie Du denkst." Das kann gut gehen oder auch nicht. Falls das Projekt nämlich dann ein Flop wird oder deutlich teurer als geplant, kommt die Quittung: „Ich war ja gleich nicht dafür", und der eine hat den Schwarzen Peter und der andere die weiße Weste. Damit wäre die Situation komplett verfahren. Wo lag da der Fehler? Der Fehler lag bei dem, der ohne Überzeugung grünes Licht gegeben hat. Und der andere könnte sich mit Recht beklagen. Denn wer bei wichtigen Entscheidungen ein schlechtes Gefühl, aber noch keine schlagenden Gegenargumente hat, muss natürlich das Recht haben, erst einmal nicht zuzustimmen. Aber vor allem muss er den Mut haben, das auch deutlich zu sagen: „Das kann ich jetzt noch nicht entscheiden. Da muss ich noch einmal drüber schlafen", oder „Um das zu entscheiden, brauche ich noch diese und jene Information". Das ist Pflicht, auch wenn der andere dann denkt: „Ich bin mir so sicher, dass dieses Projekt super ist, aber jetzt geht wieder nichts voran und ich muss warten. Da fühle ich mich von meinem Partner regelrecht blockiert!" Die Geduld muss der Partner dann haben. Man darf sie aber auch nicht überstrapazieren. Wenn alle Informationen vorliegen, sollte man einen Termin vereinbaren, zu dem definitiv entschieden wird. Dann sollten beide, jeder für sich, Klarheit haben, ob sie Ja oder Nein zu dem

Vorschlag sagen wollen. Generell ist es so, dass Entscheidungen mit Kopf und Herz getroffen werden sollten. Solange sich Gefühl und Verstand bei einem oder beiden Partnern widersprechen, muss man weiter gemeinsam nach der richtigen Entscheidung suchen. Wenn man sich definitiv nicht einig wird, kann man immer noch externen Rat einholen.

Nun ticken Unternehmerpaare auch in Entscheidungssituationen selten gleich. Der eine entscheidet gern schnell und geht eher Risiken ein, der andere ist vorsichtig und will erst einmal alles genau prüfen. Gerade, wenn jemand zu diesem eher vorsichtigen Entscheidungstyp gehört, können solche Situationen regelrecht Bauchschmerzen bereiten, besonders, wenn Druck aufgebaut wird oder wenn mit der Entscheidung weitreichende Konsequenzen verbunden sind. Dann startet das Kopfkino und man malt sich die schlimmsten Szenarien aus, was einen dann komplett blockiert und dazu führt, dass nicht entschieden wird. Hinter solchen Blockaden steckt der Anspruch, dass immer zu 100 Prozent richtig entschieden werden muss. Dieser Anspruch ist aber falsch. Schon, weil niemand genau weiß, was die Zukunft bringen wird. Natürlich kann man sich immer auch gegen eine Veränderung oder ein neues Projekt entscheiden, aber ein Führungsteam braucht eine klare Entscheidung, dafür oder dagegen! Was die ganze Zusammenarbeit lähmt, sind offene Entscheidungen, die wochenlang ergebnislos in der Luft hängen. Ohne Frage können auch Entscheidungen fallen, die sich später als falsch erweisen. Das ist bitter, aber es gehört dazu. Helmut hatte seinerzeit zu früh auf das Internet gesetzt und als die Dotcom-Blase 2002 platzte, hatten wir ein Problem. Erschwerend kam hinzu, dass er diese Entscheidung mehr oder weniger alleine getroffen hatte. Wie kann man mit so einer Enttäuschung umgehen? In unserem Fall war das nicht so einfach. Zwar hätte es auch goldrichtig gewesen sein können, schon vor der Jahrtausendwende auf das Internet zu setzen, keiner konnte ahnen, dass es noch einmal einen solchen Rückschlag geben würde. Hinterher ist man immer schlauer. Aber als Alleingang mit schlechtem Ergebnis war es für die Firma ein Problem, für Marianne eine Enttäuschung und für Helmut eine Belastung. Er hat die Verantwortung dafür übernommen, ist nicht in Selbstvorwürfen stecken geblieben, sondern hat nach vorn geschaut. Alles andere wäre auch sinnlos, fesselt einen mit negativen Gedanken an die Vergangenheit und verstellt den Blick in die Zukunft.

Was sagen Herz und Verstand dazu?

Ehrlich gesagt: Ich entscheide nicht gern, gerade in unübersichtlichen Situationen und bei folgenschweren Dingen.

 Kann ich verstehen. Ich auch nicht, aber ohne Entscheidungen kommt man nicht vom Fleck.

Kann man Entscheidungen nicht aussitzen, wie Helmut Kohl? Das eine erledigt sich von selbst und bei anderen Themen erkennt man später besser, wo der Hase hinläuft.

 Ja, aber dann bist Du nie der Erste, sondern immer der Mitläufer. Und oft ist es so, dass der Erste den größten Vorteil hat.

Sehe ich ein, aber dann muss man sehr früh entscheiden. Da gibt es noch keine wirklich belastbaren Informationen und das Risiko ist hoch.

 So ist das. Man muss eben alles tun, um es zu reduzieren, und trotzdem eine Entscheidung treffen.

Also alle Fakten prüfen, die Vor- und Nachteile genau abwägen, sich nicht täuschen lassen und nicht zu schnell begeistert sein. Und sich dann auch noch einig werden!

 Wenn es so läuft, haben wir eine reelle Chance!

Was muss man beim Thema Entscheidungen als Unternehmerpaar in der Firma regeln? Beide Partner sollten in ihrem Verantwortungsbereich alle Routineentscheidungen ohne Rücksprache allein treffen können. Wichtige Entscheidungen, egal ob in der Firma oder zu Hause, trifft man gemeinsam. Was wichtig ist, muss jedes Paar selbst definieren.

Es gibt Untersuchungen, die zeigen, dass Menschen in der gleichen Situation selten gleich entscheiden. Entscheidungen sind nämlich prinzipiell subjektiv. Sie werden vor dem Hintergrund persönlicher Erfahrungen, subjektiver Wahrnehmung und eigenen Emotionen getroffen. Wenn die nun bei beiden Partnern verschieden sind, was kann man da machen?

Das Ziel sollte sein, Entscheidungen auf der Grundlage aller relevanten Informationen möglichst objektiv zu treffen. Ohne Garantie auf Richtigkeit, versteht sich! Was können Unternehmerpaare im Entscheidungsprozess tun, um diesem Ziel möglichst nahezukommen? Zwei Techniken haben sich bewährt:

Erste Technik: Emotional Abstand gewinnen, indem man sich selbst Fragen stellt, die eine neue Perspektive auf die Entscheidungssituation ermöglichen, zum Beispiel:
• Was würde Bill Gates (oder wer auch immer) sagen?
• Wie würde diese Frage in einem Großunternehmen entschieden?
• Was wäre, wenn wir einfach ein Jahr abwarten?

Wenn Sie sich intensiv in die ausgesuchten Szenen hineinversetzen, stellt sich ein emotionaler Abstand zur eigenen Situation ein und Sie sind dem Ziel einer möglichst objektiven Entscheidung ein Stück nähergekommen.

Zweite Technik: Die eigene Wahrnehmung infrage stellen beziehungsweise erweitern. Das dient dazu, Voreingenommenheit weitgehend auszuschließen.
• Unser Gehirn bewertet alles, was neu ist, als besonders wichtig. So neigen wir im Entscheidungsprozess ebenfalls dazu, neuen Informationen überproportional viel Bedeutung beizumessen. Beseitigen Sie dieses Ungleichgewicht, indem Sie Ihr Augenmerk gezielt auf Informationen richten, die Ihnen schon länger bekannt waren.
• Vorschläge, die unseren eigenen Wertvorstellungen oder unserem persönlichen Stil entsprechen, akzeptieren wir besonders leicht. Um das zu korrigieren, suchen Sie im Entscheidungsprozess das Gespräch mit jemandem, der einen ganz anderen Stil oder Geschmack hat als Sie.
• Risiken sind etwas Negatives und werden von unserem Gehirn gern nach hinten geschoben und ausgeblendet. Ändern Sie das, indem Sie sich vor einer definitiven Entscheidung ganz gezielt mit den möglichen negativen Konsequenzen befassen.

Wenn Sie diese drei Schritte gegangen sind, haben Sie alles getan, um einen eventuell verstellten eigenen Blick zu korrigieren.

Diese Techniken sollten Sie als Unternehmerpaar beide beherrschen und in schwierigen Entscheidungssituationen anwenden. Damit ist es aber nicht getan, denn wie wir wissen, sind Partner in verschiedener Hinsicht durchaus unterschiedlich und das trifft auch auf die Art zu, wie sie entscheiden. Im Normalfall gehören Sie und Ihr Partner zu verschiedenen Entscheidungstypen. Das können Sie zur Verbesserung Ihrer Entscheidungskultur nutzen. Denn wenn Sie beide wissen, welcher Entscheidungstyp Sie sind, erkennen Sie Ihr eigenes subjektives Entscheidungsverhalten besser. Dadurch sind Sie in der Lage, bei Bedarf gegenzusteuern, und außerdem fällt die Einigung mit dem Partner dann leichter, weil Sie beide auf Ihre Eigenarten Rücksicht nehmen können.

In der Literatur gibt es verschiedene Typologien von Entscheidern. Wir arbeiten auch an dieser Stelle mit der PP3-Präferenzanalyse von Alchimedus® und haben es deswegen mit drei verschiedenen Entscheidungstypen zu tun. Wie kann man die unterscheiden?

Entscheidungsverhalten	Vorteile	Nachteile
Typ BLAU: Strukturiert & systematisch | Mit einem Wort: abwägend		
Will Zahlen, Daten, und Fakten prüfen. Entscheidet dann lieber allein. Die Diskussion anderer Meinungen empfindet er eher als störend.	Alles wird rational abgewogen. Die Entscheidung ist nicht durch die Meinung anderer beeinflusst.	Konzentriert sich nur auf die eigene Wahrnehmung, keine Antenne für schlechtes Bauchgefühl. Seine Analyse braucht viel Zeit.
Typ ROT: Begeisternd & mit klarem Ziel | Mit einem Wort: spontan		
Neigt zu spontanem Verhalten. Zu viele Detailinformationen sind für ihn störend. Verlässt sich auf sein Gefühl und überlegt nicht lange.	Ausführliche Analysen entfallen, deswegen kommt dieser Typ schnell zu Entscheidungen.	Rationale Überlegungen spielen keine Rolle. Er trifft seine Entscheidung ohne ausreichende Informationsbasis.
Typ GRÜN: Authentisch & gemeinsam | Mit einem Wort: fixiert		
Er diskutiert die Frage mit den verschiedensten Leuten, weil er glaubt, im Dialog die beste Lösung zu finden. Bleibt dann bei diesem Standpunkt.	Es werden viele, auch gegensätzliche Meinungen in die Entscheidungsfindung eingebunden.	Er lässt sich stark durch die Meinungen der anderen beeinflussen. Bleibt dann bei dieser Konsensmeinung, egal was er vorher gedacht hat.

Sie können mit unserer kleinen Selbstanalyse herausfinden, welcher Entscheidungstyp Sie sind. Den Testbogen finden Sie im Verzeichnis der Arbeitsmittel am Ende dieser Region auf Seite 159. Mit dem QR-Code gelangen Sie direkt zum Dokument auf **www.powerpaare.net**.

Nachdem Sie (annähernd) festgestellt haben, was Ihr Entscheidungstyp ist, können Sie von den folgenden Tipps profitieren:

Tipps für den Entscheidungstyp BLAU:
Als eher introvertierter Typ sollten Sie schon am Anfang des Entscheidungsprozesses den Dialog mit Ihrem Partner suchen. Weil Sie wissen, dass Ihre Gründlichkeit aufwendig ist, achten Sie bitte besonders auf den Zeitfaktor! Versuchen Sie außerdem, herauszuspüren, was Ihr Gefühl zu der Entscheidung sagt.

Tipps für den Entscheidungstyp ROT:
Bei allen Vorteilen, die eine schnelle Entscheidung hat, sollten Sie die Faktenlage nicht komplett außer Acht lassen. Beschaffen Sie sich alle relevanten Informationen. Prüfen Sie die Fakten und durchdenken Sie Ihre Entscheidung auch rational. Verlassen Sie sich nicht nur auf Ihr Bauchgefühl!

Tipps für den Entscheidungstyp GRÜN:
Machen Sie sich nicht zum Verkünder des Kompromisses aus den Meinungen von Mitarbeitern oder Familienmitgliedern. Bilden Sie sich zunächst eine eigene Meinung, die schlussendlich die Messlatte für Ihre Entscheidung sein sollte. Auf dieser Basis gehen Sie dann in einen ergebnisoffenen Dialog mit Ihrem Partner.

Was sagen Herz und Verstand dazu?

Da habe ich nun echt was gelernt. Die Entscheidungstypen finde ich interessant.

Und wenn man da weiß, wie der Partner tickt, kommt man schneller zusammen, weil man ihm die Argumente liefern kann, die ihm eine Entscheidung möglich machen.

Sagt man dazu nicht „Manipulation"? Also den anderen dazu bringen, in unserem Sinne zu entscheiden?

Nein, wir tun nichts Unrechtes. Wir haben nur verstanden, was dem Partner wichtig ist und nehmen Rücksicht darauf. Wir befreien ihn sozusagen aus selbst angelegten Fesseln.

 Könnte richtig sein. Manchmal steht man sich ja selbst im Weg!

Unsere Checkliste „10 Tipps zur Entscheidungsfindung" finden Sie im Verzeichnis der Arbeitsmittel am Ende dieser Region auf Seite 159. Mit dem QR-Code gelangen Sie direkt zum Dokument auf **www.powerpaare.net**.

Worum geht es beim Thema Entscheidungen?
- Treffen Sie wichtige Entscheidungen besser gemeinsam!
- Relativieren Sie die Bedeutung der Entscheidung!
- Erwarten Sie nicht, dass Sie immer richtig entscheiden!
- Setzen Sie sich und Ihren Partner nicht unter Druck!
- Berücksichtigen Sie alle Informationen und hören Sie auch auf Ihr Gefühl!
- Versuchen Sie, emotional Abstand zum Entscheidungsprozess zu gewinnen!
- Überprüfen Sie Ihre eigene Wahrnehmung und korrigieren Sie bei Bedarf!
- Übernehmen Sie die Verantwortung für falsche Entscheidungen!
- Lähmen Sie sich nach Fehlentscheidungen nicht mit Selbstvorwürfen!
- Beschäftigen Sie sich mit Ihrem eigenen Entscheidungstyp!
- Berücksichtigen Sie den Entscheidungstyp Ihres Partners!

Unsere Haltung in Entscheidungssituationen sollte von Ruhe und Sachlichkeit geprägt sein. Emotion führt oft in die falsche Richtung, weil man entweder zu schnell begeistert ist oder vorschnell ablehnt und damit eine Chance verpasst. Wer es schafft, einen emotionalen Abstand zum Entscheidungsprozess zu halten, schützt die eigene Person, trifft mehr richtige Entscheidungen und schläft besser.

12. Etappe: Erfolge & Misserfolge

Streckenprofil: Erfolge gemeinsam genießen und in der Krise fest zusammenstehen. Dem Partner Erfolge gönnen und ihn bei Misserfolgen trösten!

Unsere Tour geht nun langsam zu Ende. Die 12. Etappe ist die Schlussetappe des Rennens und sie befasst sich mit Erfolg und Misserfolg. Die **erste Halb-Etappe** dreht sich um die Erfolge. Auf unsere Interviewfrage zu diesem Thema antwortete ein Malermeister: „Erfolge in dem Sinn haben wir hier nicht, außer dass wir jeden Abend abschließen und Feierabend machen. Der Laden läuft seit 25 Jahren auf mittlerer Drehzahl, also nichts Spektakuläres!" Da stellt sich die Frage, ob es nicht ein großer Erfolg ist, eine Firma 25 Jahre so zu führen, dass Inhaber und Team ihr gutes Auskommen haben. Das konnte nur klappen, weil die Firma es geschafft hat, einen treuen Kundenstamm aufzubauen und das wiederum geht nur über Qualität und Service. Dennoch ist diese Sichtweise für viele Unternehmer typisch: Erfolge werden nicht gefeiert, man geht einfach darüber weg. Dabei hieß es in einer Werbung aus dem letzten Jahrhundert schon: „Wenn einem so viel Gutes widerfährt, das ist schon einen Asbach Uralt wert!" Einmal innehalten, den eigenen Erfolg wahrnehmen und genießen! Das sorgt für inneres Gleichgewicht und für Selbstbewusstsein. Warum spielen viele Unternehmer Erfolge herunter? Das hat verschiedene Gründe. Manche sind abergläubisch und wollen das Schicksal nicht herausfordern. Sie fürchten einen Rückschlag, wenn der Jubel zu stark ausfällt. Andere haben Angst vor Enttäuschungen. Es könnte ja sein, dass alles gar nicht so toll ist oder dass im letzten Moment doch noch etwas schiefgeht. Wieder andere denken schon an die Risiken und Aufgaben, die mit dem Erfolg zusammenhängen. In deren Kopf kreisen schon die To-do-Listen und Terminpläne. Zum Schluss haben viele einfach Angst vor dem Neid der Konkurrenz, der Nachbarn oder selbst der „Freunde". Dann wird Erfolg nicht gezeigt, man praktiziert Understatement. Wir erzählen immer wieder von dem Inhaber einer großen Autolackiererei, der seinen Ferrari nur nachts aus der Garage holte. Das Dunkel der Nacht sollte verhindern, dass irgendjemand den Wagen zu Gesicht bekommt. Er hatte Angst vor dem Neidfaktor. Wir raten zu mehr Selbstbewusstsein, getreu dem Motto: „Neid muss man sich verdienen, Mitleid gibt's umsonst!"

Natürlich gibt es nicht nur Understatement. Wir kennen auch die andere Sorte Unternehmer. Den notorischen Erfolgstypen! Egal wo man ihn trifft, es ist immer alles super! Die Geschäftslage war noch nie so gut, das Konto noch nie so voll, jede Neueinstellung war ein Glücksgriff und die Kunden rennen ihm die Bude ein. Gerade gestern hat er noch einen ganz wichtigen Mann getroffen, und, und, und. Er weiß alles, er kann alles und alle andern sind bestenfalls Mittelmaß. Wir erinnern hier an den „Supermann", einen der Energieräuber aus der 10. Etappe, die man besser meidet. Mit hoher Wahrscheinlichkeit hat man in diesem Fall ein solches Exemplar vor sich.

Selbstverständlich kennen wir viele echte Erfolgsgeschichten, die Unternehmerpaare mit Recht stolz machen, beispielsweise eine Reihe von Firmen, die sich in den 90er Jahren entschieden haben, aus ihrer Autolackiererei einen Unfallinstandsetzungsbetrieb mit eigener Karosserie-abteilung zu machen. Wer das geschickt umgesetzt hat, konnte zum Schluss selbst Unfallschäden von Privatkunden annehmen und reparieren, anstatt nur im Unterauftrag von Markenwerkstätten die Lackarbeiten auszuführen. Das macht unabhängiger und ist deutlich profitabler. Glückwunsch an alle, die es geschafft haben! Ein anderes Beispiel aus der Gastronomie: Ein Gourmetrestaurant bei uns am Niederrhein, das über viele Jahre von einem jungen Paar aufgebaut worden ist. Der Mann stammt aus der Dorfgaststätte, in der sich heute das Restaurant befindet, und hatte als junger Küchenmeister bei Sterneköchen in ganz Deutschland gekocht, wo er auch seine Frau kennenlernte. Schritt für Schritt sind die beiden dann nach der Übernahme der alten Gastwirtschaft vorgegangen, um einerseits neue Kundenkreise für die hochwertige Küche zu gewinnen und andererseits die alten Stammgäste nicht komplett zu verprellen. Es hat geklappt und heute bewirtschaften sie ein zweites Restaurant in Düsseldorf. Auf solche Erfolge darf man durchaus stolz sein und braucht sich nicht zu verstecken! Unser Lieblingsbeispiel ist Günter S., der als 30-jähriger Diplomkaufmann aus der kleinen Handelsvertretung seines Vaters in kürzester Zeit einen bedeutenden Großhandelsbetrieb aufgebaut hat und außerdem verschiedene andere Firmen gründete, die alle erfolgreich liefen. Er erwarb Grundstücke und Immobilien, beriet andere Unternehmer und baute sich einen fantastischen Ruf auf. Er war durchaus stolz auf seine Erfolge, zeigte das auch überall, neigte ein wenig zu Arroganz und machte sich damit nicht nur Freunde. Seine Frau sah die Entwicklung mit Misstrauen und Eifersucht. „Dem Günter gelingt auch immer alles", sagte sie oft missgünstig. Wir kommen gleich noch einmal auf diese Geschichte zurück. Zunächst ein anderes Beispiel. Die Inhaber eine Möbelschreinerei, ein Unternehmerpaar, das jahrelang erfolgreich gearbeitet hatte, fasste den Entschluss, das Geschäftsmodell zu ändern. Sie mieteten in einem Nachbarort ein mehrstöckiges Gebäude, das sie wie ein Möbelhaus herrichteten. Wohnmöbel, Küchen, sogar Bäder waren da zu bewundern, ein bisschen wie in einem kleinen Einrichtungshaus. Zur Geschäftseröffnung lief eine große Werbekampagne und die Kunden sollten aus der ganzen Region kommen. Die Leute im Ort nahmen die Neueröffnung wahr, aber mehr aus der Werbung als live, denn das Gebäude befand sich am Ortsrand, an der Umgehungsstraße. Das war als gute Verkehrsanbindung für überregionale Kunden gedacht. Auch auf diese Story kommen wir gleich zurück.

Unternehmerpaare behandeln Erfolge ihrer jeweiligen Partner durchaus unterschiedlich. Wir kennen Paare, die sich über Erfolge gemeinsam freuen, egal wer von beiden dafür verantwortlich war. Da wird auch gefeiert, zum Bespiel, wenn ein Jahr gut gelaufen ist, oft erst zu zweit und dann mit dem Team. Auf der anderen Seite kann man nicht leugnen, dass es auch bei Unternehmerpaaren Konkurrenz und Eifersucht gibt. Der Schauspieler Christian Berkel (ZDF, Der Kriminalist) unterscheidet zwischen positivem und negativem Neid und hat das in einem Interview letzlich so ausgedrückt: „Ich bin der Meinung, dass in allen Beziehungen Konkurrenz herrscht, ob unter Liebenden, Freunden oder Kollegen. Im positiven Sinne heißt es: Ich gucke in den Nachbargarten und sehe da einen wunderschönen Kirschbaum. Der positive Neid wäre: ‚Ich muss auch mal einen Kirschbaum pflanzen!' Wenn dabei ein schöner Kirschbaum herauskommt, ist das ja was Gutes. Schlecht ist es, wenn es heißt: ‚Den verdammten Kirschbaum werde ich vergiften, damit er eingeht!' Das haben Andrea (Sawatzki) und ich nicht. Aber der Konkurrenzgedanke, der spielt unbewusst mit und vermittelt: Ich muss mich anstrengen!"

Solange es sportlich fair läuft und negative Gefühle außen vor bleiben, kann ein bisschen Konkurrenz auch in der Beziehung guttun. Manchmal geht es aber nicht fair zu. Wie zum Beispiel bei einem Handwerkerpaar, das einen Installationsbetrieb führte. Die Frau hatte über ihren Tennisclub eine neue Kundenverbindung aufgetan, zu einer Hausverwaltung, die in ihrer Stadt einige Dutzend hochinteressanter Objekte betreute und immer wieder Arbeiten an Heizungen, in Küchen und Bädern zu vergeben hatte. Die Geschäftsverbindung kam zustande und die Firma profitierte nicht unerheblich davon. Unfair war, dass der Meister anschließend bei verschiedenen Gelegenheiten erzählte: „… da habe ich einen tollen neuen Kunden gewonnen!" Dass der Erfolg auf die Initiative seiner Frau zurückging, fiel unter den Tisch. Das kam bei ihr verständlicherweise schlecht an.

Was sagen Herz und Verstand dazu?

Ja, ja, ja! Wenn etwas gut geklappt hat, dann will ich das auch herausschreien, richtig jubeln könnte ich dann, aber dann kommt ja von Dir immer der Ordnungsruf!

Na ja, ich bin eben vorsichtig. Was hängt denn alles dran an Deiner Erfolgsgeschichte? Wie viel Arbeit kommt denn da auf uns zu? Haben wir überhaupt genug Leute dafür? Und oft liegt ja noch gar kein Vertrag vor. Wer weiß, was da alles drinsteht, Du weißt schon: Haftung und Konventionalstrafen, und, und, und.

Du kannst einem wirklich die ganze Freude verderben! Können wir uns nicht erst einmal so richtig freuen und dann an die Aufgaben, Herausforderungen und Vertragsklauseln denken?

Vielleicht hast Du recht, aber eins ist auf jeden Fall zu bedenken. Du weißt doch wie neidisch und missgünstig manche Leute sind. Ist es da nicht besser, den Ball flach zu halten?

Wir müssen es ja nicht gleich in die Zeitung setzen, aber unser Chef und sein Partner, die sollten auf jeden Fall erst einmal durchatmen, sich tüchtig freuen und auch ihre Erfolge feiern. Die Arbeit fängt noch früh genug an!

Unsere Checkliste „7 Tipps, wie Sie Erfolge feiern!" finden Sie im Verzeichnis der Arbeitsmittel am Ende dieser Region auf Seite 159. Mit dem QR-Code gelangen Sie direkt zum Dokument auf **www.powerpaare.net**.

Jetzt radeln wir tatsächlich in Richtung Ziel. Auf der **letzten Halb-Etappe** schauen wir auf die Misserfolge. Die Frage nach den Dingen, die nicht so gut gelaufen sind, gehört seit Jahrzehnten zum Standardrepertoire von Personalleuten, die Bewerber damit aus der Reserve locken wollen. Ein Recruiter aus einem Versicherungskonzern erzählte uns von seinen Erfahrungen mit dieser Frage: „Manche reden gern über ihre Niederlagen und wollen zeigen, dass sie daraus gelernt haben. Anderen fällt dazu gar nichts ein. Und wieder andere lieben Misserfolge, aber nur die von anderen." Über Misserfolge zu reden, ist bei prominenten Starunternehmern große Mode geworden. Jeff Bezos (Amazon): „Ich habe Milliarden Dollar bei Amazon in den Sand gesetzt. Aber mein Job ist es, die Leute zu ermuntern, kühn zu sein. Und wenn man kühne Wetten eingeht, führt das zu Experimenten. Experimente tragen das Scheitern schon in sich und ein paar große Erfolge machen vieles von dem, was nicht funktioniert hat, wieder wett."

Larry Page (Google-Gründer) ist der Überzeugung, dass auf dem Weg zu wirklich großen Taten Dinge schiefgehen müssen, denn andernfalls mache man wahrscheinlich nur kleine Fortschritte.

Richard Branson (Virgin Group): „Meine Mutter hat mir beigebracht, nicht mit Bedauern zurückzuschauen, sondern mit der nächsten Sache weiterzumachen. Die Menge an Zeit, die Menschen darauf verschwenden, bei ihrem Misserfolg zu verweilen statt ihre Energie auf das nächste Projekt zu lenken, erstaunt mich immer wieder. Ein Rückschlag ist niemals eine schlechte Erfahrung, sondern eine Lernkurve."

Denen fällt es auch nicht schwer, darüber zu reden, schließlich ist ja zum Schluss alles super gelaufen. Und außerdem sieht man Misserfolge im amerikanischen Kulturkreis auch anders als bei uns. Da ist man erst Rinderzüchter, dann Versicherungsagent und schließlich Schnellrestaurantbesitzer. Da findet keiner etwas dabei, im Gegenteil, man hat viel versucht und ist immer wieder auf die Füße gefallen. Bei uns dagegen gibt es sogar Spottreime für solche Fälle. Helmut, der ja zunächst zum Gymnasiallehrer ausgebildet worden war, traf in der Zeit, als er

Versicherungsmanager war, seinen ehemaligen Schulleiter und musste sich folgenden Spruch anhören: „Wer nichts wird, wird Wirt, und wem auch dieses nicht gelungen, der macht in Versicherungen." Man wird bei uns schnell Opfer von Häme, wenn man nicht die Erwartungen seines Umfeldes erfüllt, und in den Köpfen der meisten Mitmenschen ist kein Platz für ungewöhnliche Karrieren und erst recht nicht für berufliche Misserfolge. Denn wie FDP-Chef Christian Lindner aus eigener Erfahrung weiß, ist Scheitern in Deutschland immer noch ein Stigma. Dass man aus Fehlern lernen kann, will keiner hören, es heißt dann lieber: „Die waren unfähig!" Lindner fordert unterdessen eine neue Fehlerkultur: „Es gibt Menschen, die nehmen das Scheitern der anderen, um zu entschuldigen, selbst nichts probiert zu haben." Solange es ist, wie es ist, werden Misserfolge, Niederlagen oder Schwächen eher verschwiegen. Man befürchtet, seinen Ruf zu beschädigen. Ärzte lassen ihre Helferinnen erzählen, sie seien in Urlaub, wenn sie in Wahrheit im Krankenhaus sind. Nun ist eine Erkrankung ja kein Misserfolg in unserem Sinne, aber der Umgang damit ist derselbe. Niemand soll etwas mitbekommen.

Unsere Geschichte von dem Schreiner mit dem kleinen Einrichtungshaus ist nicht gut ausgegangen. Die Leute in dem Ort erinnern sich noch daran, dass es irgendwann einen „Tag der offenen Tür" gab. Alles war toll, das Haus war voll, kooperierende Firmen waren mit von der Partie, man kredenzte Sekt und Häppchen, erklärte alles geduldig und versuchte Aufträge anzubahnen. Niemand ahnte etwas Böses. Vier Wochen später war das Geschäft dicht, die Insolvenz stand in der Zeitung. Das Unternehmerpaar trat in dem Ort nicht mehr in Erscheinung, es verschwand sozusagen vom Erdboden. Wahrscheinlich wollten sie nicht auf den Misserfolg angesprochen werden, kann man auch verstehen. Über eigene Misserfolge redet man in Deutschland ungern. Auf der anderen Seite gibt es viele, die gern über Misserfolge reden, aber am liebsten über die der anderen.

Und damit kommen wir auf die Geschichte von Günter S. zurück. Er musste nach vielen erfolgreichen Jahren mit einer seiner Firmen aufgrund einer Gewährleistungsgeschichte Insolvenz anmelden. Wir hatten schon lange keinen Kontakt mehr und haben davon nur erfahren, weil bei uns ein Unternehmer aus Süddeutschland, von dem wir ebenfalls jahrelang nichts gehört hatten, extra anrief, nur um mitzuteilen, dass der „Superunternehmer" Günter S. jetzt pleite sei. Er hätte dessen Sprüchen ja schon immer misstraut, aber alle anderen wären ja auf den hereingefallen. Und jetzt sähe man ja, was das für ein Blender gewesen sei. Er hat sicher nicht nur bei uns angerufen, um seinen Triumph auszukosten und seine Häme auszuleben. Das war einer von denen, die Misserfolge anderer mit Schadenfreude quittieren.

Wie gehen Unternehmerpaare mit Misserfolgen um? Nach unseren Erkenntnissen gibt es kaum Probleme, solange keine gravierenden Folgen mit der Niederlage verbunden sind. Dann steht man solidarisch zusammen und krempelt die Ärmel hoch. Sind aber gravierende Konsequenzen zu verkraften, sieht das in manchen Fällen anders aus. Nämlich dann, wenn ein bedeutendes Projekt scheitert, das ein Partner im Alleingang durchgedrückt hat. Dann fällt es schwer, solidarisch zu sein und es stehen Vorwürfe im Raum, was man auch verstehen kann. Werden diese Vorwürfe offen ausgesprochen und übernimmt der Partner die Verantwortung für seinen Fehler, gehen die Geschichten meistens gut aus. Das heißt, nach einiger Zeit wird verziehen und gemeinsam weitergemacht. Bleiben die Vorwürfe unausgesprochen, läuft es schon schlechter, denn dann kommen sie bei passender Gelegenheit jahrelang immer wieder hoch und verderben das Klima in der Beziehung. Der Tiefpunkt wird erreicht, wenn ein Partner den anderen öffentlich für den Misserfolg verantwortlich macht und beispielsweise im Freundeskreis erzählt: „Da hat der Peter mal eben 50.000 Euro versenkt." Das dient nicht der Klärung, stellt den Partner bloß, grenzt an ein Scherbengericht und verhindert geradezu, dass man mit frischem Schwung gemeinsam wieder durchstarten kann.

Die gute Nachricht ist, dass Sie in eine solche Situation gar nicht kommen können, wenn Sie beherzigen, was wir auf der letzten Etappe zum Thema „wichtige Entscheidungen" gesagt haben: Tun Sie es immer gemeinsam!

Was sagen Herz und Verstand dazu?

Tut mir leid, ich mag einfach keine Niederlagen, schon wenn mein Fußballverein verliert und erst recht nicht, wenn es um Misserfolge in der Firma geht.

Da bist Du nicht allein! Wer mag schon Misserfolge? Die Frage ist, ob man sie ausschließen kann. Das glaube ich nicht.

Und wieso nicht? Du bist doch sonst immer so schlau!

Weil Du dann super vorsichtig durchs Leben gehen müsstest, als Leisetreter sozusagen, gar nichts riskieren, alle Chancen liegen lassen, weil da auch Risiken drinstecken könnten. Das führt in die Sackgasse!

 Und dann, wenn die Sache gegen die Wand fährt? Wer muss dann die Suppe auslöffeln? Mir geht es dann tage- oder wochenlang dreckig. Du machst dann schon Zukunftspläne.

Wir müssen auch Misserfolge für uns nutzen, indem wir daraus lernen. Auch dadurch kann man sich weiterentwickeln. Nur zweimal denselben Fehler machen, das sollten wir nicht. Und eins ist klar: Wir freuen uns nicht über Misserfolge, wir versuchen nur, das Beste draus zu machen.

 Dann kann ich mich darauf verlassen, dass Du auf jeden Fall versuchst, Misserfolge zu vermeiden?

Versprochen!

Unsere Checkliste „7 Tipps zum Umgang mit Misserfolgen" finden Sie im Verzeichnis der Arbeitsmittel am Ende dieser Region auf Seite 159. Mit dem QR-Code gelangen Sie direkt zum Dokument auf **www.powerpaare.net**.

! **Worum geht es bei Erfolgen und Misserfolgen?**
- Nehmen Sie Ihre gemeinsamen Erfolge wahr und freuen Sie sich daran!
- Anerkennen Sie persönliche Erfolge Ihres Partners! Freuen Sie sich mit ihm!
- Vermeiden Sie Konkurrenzdenken, das lähmt Sie zum Schluss!
- Lassen Sie sich von Misserfolgen und Rückschlägen nicht unterkriegen!
- Lernen Sie aus Fehlern und starten Sie gemeinsam wieder durch!

Unsere Haltung zu Erfolg und Misserfolg sollte so sein: Emotionen zulassen, aber dann emotional Abstand herstellen. Also: Erfolge feiern, ohne abzuheben. Nie das Augenmaß verlieren und nie vergessen, worum es eigentlich geht, nämlich um Erfolg in der Firma, ja, aber eben auch um ein glückliches gemeinsames Leben und persönliche Zufriedenheit. Erfolge, die uns für die nächsten Jahre zum Sklaven der Firma machen und unser Privatleben auf null reduzieren, sind Scheinerfolge. Misserfolge realistisch sehen! Man darf auch enttäuscht und traurig sein, aber nicht in Traurigkeit versinken, sondern aufstehen und weitermachen! Verantwortung für Fehlentscheidungen übernehmen, aber zum Schluss die eigene Person schützen und inneren Abstand halten von den äußeren Ereignissen.

Damit ist unsere Fahrt durch die Region FIRMA beendet. Wer noch einmal die gesamte Region Revue passieren lassen möchte, kann das mit unserem „Fragebogen Region FIRMA" tun. Sie finden ihn im Verzeichnis der Arbeitsmittel am Ende dieser Region auf Seite 159. Mit dem QR-Code gelangen Sie direkt zum Dokument auf **www.powerpaare.net**.

Region FIRMA – Verzeichnis der Arbeitsmittel

Scannen Sie diesen QR-Code mit Ihrem Smartphone und Sie erreichen sofort einen speziellen Downloadbereich auf **www.powerpaare.net**, in dem Sie die Arbeitsmittel für die Region FIRMA finden.

Dieser Downloadbereich ist exklusiv den Lesern dieses Buches zugänglich.

Etappe	Arbeitsmittel
9. Firma & Privatleben	Test: Diagnose unserer Zusammenarbeit
	Test: Firma und Privatleben
10. Menschen in Beruf & Privatleben	Checkliste: Arbeitgebermarke und Mitarbeitersuche
	Arbeitsblatt: Mustergliederung Stellenbeschreibung
	Arbeitsblatt: Vorlage Mitarbeiterprofil
	Arbeitsblatt: Vorbereitung Mitarbeitergespräch
	Arbeitsblatt: Personalentwicklungsportfolio
	Checkliste: Gesundheit am Arbeitsplatz
	Arbeitsblatt: Mitmenschen
11. Entscheidungswege & -regeln	Test: Selbstanalyse Entscheidungstypen
	Checkliste: 10 Tipps zur Entscheidungsfindung
12. Erfolge & Misserfolge	Checkliste: 7 Tipps, wie Sie Erfolge feiern
	Checkliste: 7 Tipps zum Umgang mit Misserfolgen
	Fragebogen: Region FIRMA
	Fragebogen: Die 12 Etappen auf einen Blick
	Arbeitsblatt: Wochenplan – Jeden Tag eine kleine Verbesserung

Wir sind gleichzeitig am Ziel der Tandemtour angekommen. Sie haben gewonnen, denn entweder haben Sie festgestellt, dass Sie schon alles richtig machen, oder Sie haben etwas dazugelernt, was Ihnen in Zukunft helfen wird, zu zweit noch erfolgreicher zu werden und noch mehr Lebensglück zu erreichen.

Sie wissen ja wie das ist: Unser Leben als Unternehmerpaar hat tatsächlich Parallelen zum Leistungssport. Und dort sind es vor allem zwei Dinge, die über Sieg und Niederlage entscheiden. Das sind die Kondition der Akteure und das Zusammenspiel im Team. Betrachten Sie die Arbeitsmittel am Ende der drei Regionen als Sportgeräte und trainieren Sie gemeinsam für die nächsten Erfolge. Nach unserer Tandemtour sollten Sie ziemlich genau wissen, wo Sie noch Trainingsbedarf haben und noch besser werden können. Wer noch einmal die gesamte Tour an seinem inneren Auge vorbeiziehen lassen möchte, um zu rekapitulieren, wo die Stärken und Schwächen des eigenen Teams liegen, der kann dazu unseren Fragebogen „Die 12 Etappen auf einen Blick" nutzen. Sie finden ihn ebenfalls im Verzeichnis der Arbeitsmittel am Ende der Region FIRMA auf Seite 159. Mit dem QR-Code gelangen Sie direkt zum Dokument auf **www.powerpaare.net**. An der gleichen Stelle können Sie zusätzlich einen „Wochenplan" herunterladen, der Ihnen hilft, wenn Sie jeden Tag eine kleine Verbesserung umsetzen wollen.

Bleiben Sie dran an unserem Thema „Die FIRMA, unser LEBEN und ICH", denken Sie an das magische Dreieck und kümmern Sie sich um alle drei Bereiche! Denken Sie dabei öfter an sich selbst und an Ihre Paarbeziehung. Die Firma meldet sich sowieso dauernd zu Wort und wird in den seltensten Fällen zu kurz kommen. Sorgen Sie für eine gute eigene Kondition und trainieren Sie das Zusammenspiel im Team! Lassen Sie sich durch Rückschläge nicht entmutigen und halten Sie zusammen wie Pech und Schwefel! Wir wünschen Ihnen Glück, Gesundheit und Erfolg!

III. Hintergrundwissen

a. Studie „Unternehmerpaare 2015"

Die Studie gibt Auskunft darüber, wie Unternehmerpaare auf den 12 Etappen unserer Tandem-tour (in der Studie heißen sie „Felder") zurechtkommen. Oder anders formuliert: Wo ist schon alles „im grünen Bereich" und wo gibt es noch Verbesserungspotenzial?

Pointiert formuliert sind das die wichtigsten Erkenntnisse:

Unternehmerpaare in Deutschland

• vernachlässigen oft ihre Gesundheit,
• sind unzufrieden mit der Qualität ihrer Kommunikation untereinander,
• kümmern sich zu wenig um ihre Paarbeziehung und
• haben Schwierigkeiten, Firma und Privatleben zu trennen.

So weit die Sollseite der Bilanz. Auf der Habenseite steht Folgendes:

Unternehmerpaare in Deutschland

• stehen in Krisensituationen fest zusammen,
• begegnen sich mit Wertschätzung und Loyalität,
• geben sich meistens klare Regeln zur Entscheidungsfindung,
• können Glücksmomente genießen und haben ihren Humor nicht verloren.

Der Fragebogen der Studie „Unternehmerpaare 2015" beruht auf den 12 Feldern für mehr Geschäftserfolg und Lebensglück, die Grundlage unserer Arbeit mit Unternehmerpaaren sind und die in diesem Buch die 12 Etappen der Tandemtour darstellen. So lauteten die einzelnen Fragen im Interviewbogen:

1 Können Sie Ihre gemeinsame Vision für die Firma und das Privatleben in wenigen Worten beschreiben?
2 Haben Sie eine klare Absprache über Verantwortungsbereiche und Aufgaben in Firma, Partnerschaft & Haushalt und halten Sie sich daran?
3 Pflegen Sie einen achtsamen Umgang mit sich selbst, Ihrer Gesundheit und Ihren Bedürfnissen?
4 Glauben Sie, dass Ihr(e) Partner(in) und die Menschen in Ihrem Umfeld mit Ihrer Art zu kommunizieren zufrieden sind?

5 Sind Sie für Ihre(n) Partner(in) ein wichtiger Gesprächspartner, würdigt er/sie Ihren Beitrag zur Partnerschaft und steht immer hinter Ihnen?

6 Wissen Sie, was Ihnen Spaß und Freude bereitet und nehmen Sie sich gemeinsam und allein ausreichend Zeit dafür?

7 Nutzen Sie Ihre gegenseitigen Stärken und können Sie Schwächen beim Partner akzeptieren?

8 Denken Sie positiv, sehen Sie das Glück in den kleinen Dingen und können Sie auch mal über sich selbst lachen?

9 Wie gut gelingt es Ihnen, Firma und Privatleben zu trennen und für Familie, Hobbys und Freunde Freiräume zu schaffen?

10 Pflegen Sie Ihre Beziehungen zu anderen Menschen (Partner, Familie, Freunde, Mitarbeiter) in einer stimmigen und toleranten Art und Weise?

11 Können Sie sich gemeinsam an Erfolgen freuen und stehen Sie bei Rückschlägen fest zusammen?

12 Treffen Sie wichtige Entscheidungen gemeinsam und wissen Sie genau, in welchen Fällen Sie allein entscheiden können?

In der grafischen Auswertung erkennt man auf einen Blick, wo die größten Verbesserungspotenziale zu heben sind.

Durchschnittswerte alle Branchen

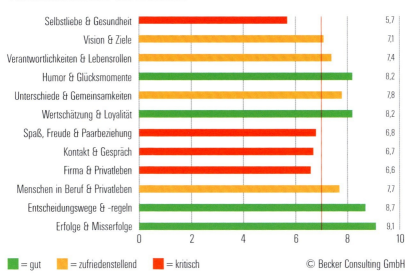

Selbstliebe & Gesundheit	5,7
Vision & Ziele	7,1
Verantwortlichkeiten & Lebensrollen	7,4
Humor & Glücksmomente	8,2
Unterschiede & Gemeinsamkeiten	7,8
Wertschätzung & Loyalität	8,2
Spaß, Freude & Paarbeziehung	6,8
Kontakt & Gespräch	6,7
Firma & Privatleben	6,6
Menschen in Beruf & Privatleben	7,7
Entscheidungswege & -regeln	8,7
Erfolge & Misserfolge	9,1

■ = gut   ■ = zufriedenstellend   ■ = kritisch   © Becker Consulting GmbH

Die Grafik zeigt das Ergebnis der Studie über alle Branchen. Die Balken sind nach dem Ampel-system eingefärbt, um deutlich zu machen, was gut und was verbesserungsfähig ist. Die kritische Grenze verläuft bei 7 Punkten. Werte zwischen 7 und 8 sind zufriedenstellend, Werte über 8 sind gut.

Die roten Balken zeigen, wo das größte Verbesserungspotenzial besteht, auch bei den Feldern, die im gelben Bereich liegen, gibt es noch „Luft nach oben". Die grünen Balken zeigen die Felder, bei denen die Welt durchschnittlich in Ordnung ist.

Im Detail gab es Unterschiede in den Aussagen von Männern und Frauen. Sie fallen aber weniger stark ins Gewicht, als wir im Vorfeld erwartet haben.

In der Summe schneidet bei den drei Handlungsfeldern (in diesem Buch sind das die Regionen ICH, ICH & DU und FIRMA) die gemeinsame Firma am besten ab, und zwar mit komfortablem Vorsprung vor der Paarbeziehung (ICH & DU) und den beiden Einzelpersonen (ICH), die am schlechtesten wegkommen.

Entscheidend für das schlechte Abschneiden der Einzelpersonen sind ein durchgehender Mangel an Achtsamkeit im Hinblick auf Gesundheit und eigene Bedürfnisse und die oft fehlende Klarheit über eine Vision und gemeinsame Ziele.

Die Paarbeziehung schneidet nicht wesentlich besser ab. Da sind die Kommunikationsprobleme untereinander und die fehlenden Anstrengungen bei der Pflege der Beziehung die ausschlag-gebenden Punkte.

Zum Schluss folgen hier die technischen Basisdaten der Studie:

– Versendete Fragebögen (per E-Mail oder per Brief): **3.994**
– Zurückgesandte ausgefüllte Fragebögen (per Fax oder E-Mail): **163**
 (davon 159 von beiden Partnern, 4 nur von einem Partner = 322 Teilnehmer insgesamt)

Von den 163 zurückgesandten Fragebögen kamen 92 aus dem Handwerk, 34 aus der Land-wirtschaft, 32 aus dem Gastgewerbe und 5 aus sonstigen Branchen. Es haben sich also insgesamt 322 Personen beteiligt, 159 Männer und 163 Frauen.

Die Studie ist nicht repräsentativ, weil die Teilnehmer nicht auf einer Zufallsauswahl beruhen, sondern über ihre Teilnahme selbst entschieden haben. Wir haben es also mit einer Personengruppe zu tun, die sich für das Thema besonders interessiert. Man spricht dabei auch von einem hohen Involvement.

Auch wenn die Studie nicht repräsentativ ist, lässt sie interessante Trends erkennen und gibt Einblicke in das Leben von Unternehmerpaaren in Deutschland 2015, insbesondere im Bereich Handwerk.

Die Studie wurde im Juni/Juli 2015 von der Becker Consulting GmbH, Kaarst, durchgeführt.

Verantwortlicher Studienleiter: Helmut Becker, Sozialwissenschaftler

b. Persönlichkeitstest „Alchimedus®-PP3-Präferenzanalyse"

Die PP3-Präferenzanalyse wird von Alchimedus® selbst so beschrieben: „Der Mensch bewegt sich in einem Spannungsfeld zwischen der eigenen Persönlichkeit und der angenommenen Lebensrolle. Wir unterscheiden also zwischen gewählter Lebensrolle und der Grundlage der Persönlichkeit … und stellen fest, welche Kräfte in der Lebensrolle genutzt werden bzw. welche nicht … Der Mensch kann in der Regel nicht alle Potenzialfelder sehen … Um diese sichtbar zu machen, haben wir die Alchimedus®-PP3-Präferenzanalyse entwickelt, die Ihnen zeigen wird, warum Sie auf Menschen und Verhaltensweisen positiv oder negativ reagieren bzw. warum Sie bestimmte Reaktionen bei anderen Menschen hervorrufen."

Die Alchimedus®-PP3-Analyse unterscheidet dabei die drei Kräfte:
- **Die Strukturkraft**
- **Die Aufbruchskraft**
- **Die Gemeinschaftskraft**

Das Modell geht davon aus, dass diese drei Kräfte in jedem Menschen wirken. In einer individuellen Konstitution werden sie dem Menschen mit in die Wiege gelegt, wobei eine oder zwei Kräfte überwiegen und die andere(n) nur minimal ausgeprägt sein können. Mithilfe einer genauen Befragung kann man ihre Verteilung feststellen. Die Kräfte prägen die angeborenen Eigenschaften und Vorlieben des Menschen. Dabei unterscheidet Alchimedus® zehn verschiedene Ausprägungen. Die meisten Menschen sind nicht eindeutig ein „Struktur-", „Aufbruchs-" oder „Gemeinschafts-Typ", sondern verfügen über eine Mischkonstitution. Je nach Ausprägung zeigen sich dann auch die Merkmale der anderen Typen.

Die Strukturkraft

Diese Kraft sorgt für Systematik und Struktur. Sie ist eher introvertiert, planerisch, gewissenhaft, zurückhaltend und zukunftsorientiert. Kennzeichen dieser Kraft sind Präzision, Detailkenntnis und Liebe zum Detail, Sorgfalt, Prinzipientreue, Korrektheit und Disziplin, Pflichtbewusstsein in der Sache, Verantwortung, Analyse- und Abstraktionsvermögen, Kontrolle und Logik. Menschen mit einem hohen Ausmaß an Strukturkraft sind kritisch und distanziert und nutzen sehr bewusst die Sachebene.

Die Aufbruchskraft

Diese Kraft sorgt für Aufbruchsstimmung und Bewegung. Sie ist eher extrovertiert und gegenwartsorientiert. Die Kennzeichen dieser Kraft sind Improvisation, Zielstrebigkeit, Impulsivität, Spontaneität, Ideenvielfalt, Innovationen, Dynamik, Durchhalte- und Durchsetzungsvermögen, Status und Statussymbole, Entscheidungsfreude, Pragmatismus, Emotionalität sowie Erfolgs- und Dominanzstreben. Menschen mit einem hohen Ausmaß an Aufbruchskraft betrachten Veränderungen eher als Norm und als Stimulus für Wachstum und nicht als Bedrohung.

Die Gemeinschaftskraft

Diese Kraft sorgt für Sinn und Gemeinschaft. Sie ist eher extrovertiert und vergangenheitsorientiert. Die Kennzeichen dieser Kraft sind Intuition, Erfahrungswerte, Werte- und Sinnorientierung, Kontaktfreude, Pflichtbewusstsein gegenüber anderen Menschen, Traditionspflege, Empathie, Menschlichkeit, soziales Empfinden, Entscheidungsunsicherheit, Sicherheitsdenken, Lebenssinn, Teamwork und Engagement. Menschen mit einem hohen Ausmaß an Gemeinschaftskraft haben die Fähigkeit, an die Wahrheit, Bedeutung und den Wert dessen zu glauben, wer man ist und was man tut – bzw. dieses Gefühl zu erzeugen.

Haupt- und Mischtypen der Alchimedus ®-PP3-Persönlichkeitsanalyse

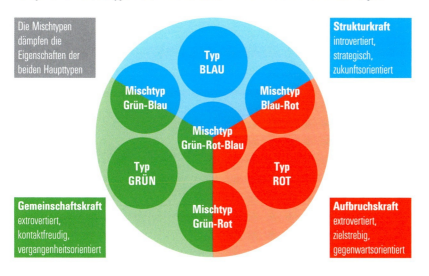

Die Grafik zeigt sieben Typen, die drei Haupttypen (rot, grün, blau) und drei gleichverteilte Mischtypen oder Doppeldominanzen (rot + grün, grün + blau, blau + rot). Weil es zusätzlich noch ungleich verteilte Doppeldominanzen gibt, kommt man insgesamt auf zehn Typen, die in der PP3-Methodik unterschieden werden.

Hier das Beispiel einer ungleich verteilten Rot-Blau-Doppeldominanz:

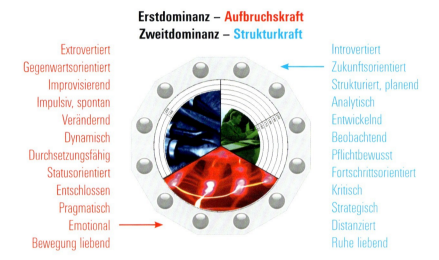

Erstdominanz – Aufbruchskraft
Zweitdominanz – Strukturkraft

Extrovertiert	Introvertiert
Gegenwartsorientiert	Zukunftsorientiert
Improvisierend	Strukturiert, planend
Impulsiv, spontan	Analytisch
Verändernd	Entwickelnd
Dynamisch	Beobachtend
Durchsetzungsfähig	Pflichtbewusst
Statusorientiert	Fortschrittsorientiert
Entschlossen	Kritisch
Pragmatisch	Strategisch
Emotional	Distanziert
Bewegung liebend	Ruhe liebend

Bei der Dominanz von Aufbruchskraft und Strukturkraft reduziert sich die Einwirkung der Gemeinschaftskraft als Korrektiv. Je geringer diese Komponente ausgeprägt ist, umso stärker werden die oben genannten Verhaltensweisen in den Vordergrund treten und der Sinn für die Gemeinschaft, für Tradition und Miteinander in den Hintergrund gedrängt.

Die PP3-Auswertung zeigt an einer Vielzahl von Beispielen, wie der jeweilige Typ auf andere Menschen wirkt. Hier ein Auszug aus der Liste für den oben dargestellten Rot-Blau-Typ:

Persönlichkeitsmerkmale	Wie wirkt das auf andere?
Extrovertiert – **Introvertiert**	**Extrovertiert** – **Introvertiert**
Das extrovertierte Auftreten bei vorherrschender Aufbruchskraft ändert sich durch die introvertierte Variante der Strukturkraft und wird abgemildert.	Bei Einwirkung von Strukturkraft auf die Aufbruchskraft werden diese Personen als weniger dominant und raumgreifend empfunden. Sie wirken etwas diplomatischer.
Gegenwartsorientiert – **Zukunftsorientiert**	**Gegenwartsorientiert** – **Zukunftsorientiert**
Das Agieren im Hier und Jetzt bekommt mehr Perspektive durch Einflüsse der Strukturkraft. Allerdings kann dadurch auch Präsenz verloren gehen.	Menschen, bei denen die Aufbruchskraft durch Strukturkraft ergänzt wird, werden als unterstützend in der Umsetzung von Projekten empfunden.
Improvisierend – **Planend**	**Improvisierend** – **Planend**
Improvisation ist alles für die Aufbruchskraft. Ein bisschen Planung macht die Aktion aber meist nachhaltiger.	Menschen, die diese Kombination der Eigenschaften haben, bringen Dinge in Bewegung, wirken dabei aber nicht unüberlegt.
Impulsiv, spontan – **Analytisch**	**Impulsiv, spontan** – **Analytisch**
Aufbruchskraft mit analytischer Unterstützung ist sehr gut geeignet, organisatorisch den Überblick zu bewahren, schnell zu handeln und trotzdem nachhaltig zu wirken.	Wird die Aufbruchskraft durch das analytische Denken der Strukturkraft ergänzt, wirken diese Menschen oft sehr klar. Sie verkomplizieren nicht unnötig, wesentliche Dingen entgehen ihnen aber auch nicht.
Dynamisch – **Beobachtend**	**Dynamisch** – **Beobachtend**
Sich mal zurückzulehnen und in Ruhe zu beobachten, ist für einen Dynamiker nicht interessant, hat aber zur Folge, dass ein anderer Fokus eingenommen wird. Das ist die interessante Seite in dieser Kombination.	Zu viel Dynamik lässt andere gern außer Atem kommen. Die Beobachtungsgabe der Strukturkraft lässt Dinge wahrnehmen, die sonst vielleicht verloren gehen würden. Dadurch fühlen sich andere Menschen vom Dynamiker besser wahrgenommen.

Die Alchimedus®-PP3-Selbstanalyse folgt dem Modell „Triune Brain" oder deutsch „Dreieiniges Gehirn", das Paul MacLean in den 50er Jahren des letzten Jahrhunderts in den USA entwickelt hat und das in weiten Teilen immer noch zu den Standardwerken auf diesem Gebiet zählt.

MacLean beschreibt in seinem viel beachteten Hauptwerk verschiedene stammesgeschichtliche Entwicklungsstufen und Funktionsweisen des menschlichen Gehirns und stellt diese schematisch dar. Seine Kernthese besagt, dass das menschliche Gehirn nach neuroanatomischen Gesichtspunkten vereinfacht in drei Bereiche unterteilt werden kann. Diese sind miteinander auf verschiedene Weisen wechselseitig verbunden und tauschen Informationen aus. Jeder Mensch verfügt über jedes dieser drei Subsysteme oder Gehirne und nutzt diese auch. McLean hat folgerichtig das Konzept als das „dreieinige Gehirn" bezeichnet. Diese Erkenntnis korreliert mit vielen anderen triadischen Modellen und Konzepten wie zum Beispiel Ayurveda.

Folgende Gehirnstrukturen unterscheidet MacLean in seinem Modell:

– Das Stammhirn, er nennt es auch das Reptilien-Gehirn. Es regelt Atmung, Stoffwechsel und Verhaltensmuster rund um Ernährung und Fortpflanzung. Hier befinden sich nach MacLean die angeborenen Instinkte.

– Das Zwischenhirn. Für diesen Gehirnteil hat MacLean 1952 den Begriff „Limbisches System" geprägt. Hier sind die Emotionen und das Triebgeschehen zu Hause. Dem Zwischenhirn werden heute zum Teil noch weitere Funktionen zugeordnet.

– Das Großhirn, auch Neocortex genannt. Nach MacLean ist der Cortex die Mutter der Erfindung und Vater des Abstraktionsvermögens. Es entwirft logische, kognitive Konzepte und Strategien.

Der Mensch verfügt über alle drei Gehirnteile, aber jeweils in unterschiedlicher Gewichtung und Ausprägung. Diese bestimmen die vorherrschende Verhaltens- und Denkweise seiner Person.

Im Gegensatz zu den Hirnforschungsmodellen und Lehren wie Ayurveda ist die Alchimedus®-PP3-Präferenzanalyse aber nicht deterministisch, sondern schreibt dem Menschen ausdrücklich eine Veränderungs- und Entwicklungsfähigkeit zu und macht uns damit frei und selbstbestimmt. Das heißt, auch wenn wir mit bestimmten Präferenzen auf diese Welt kommen und entsprechende eigene Fähigkeiten und Verhaltensweisen entwickeln, sind diese aus der Sicht der PP3-Methodik veränderbar. Menschen können also ihr Verhalten ändern und damit auch die Reaktionen anderer Menschen auf ihre Person positiv beeinflussen.

c. Zusammenspiel von Herz und Verstand

Es wird oft geschrieben, dass alles Mögliche „mit Herz und Verstand" betrachtet, bearbeitet oder dargestellt wird. Was bedeutet diese Zusammenarbeit von Herz und Verstand, wo und wie spielt sie sich in uns selbst ab? Eins ist klar: Alles muss sich innerhalb unseres Körpers ereignen. Die Frage ist, wo? Eine grafische Darstellung der Ausgangslage könnte so aussehen:

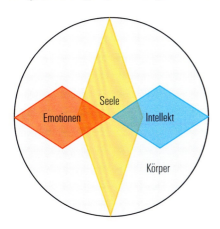

So stellt das Hoffman Quadrinity Institut das Zusammenspiel von Seele, Intellekt, Emotion und Körper dar.

Die Seele ist das Unfassbare, das Transzendente. Wir können es nicht erklären. Emotion und Intellekt sind das, was wir in diesem Buch als Herz und Verstand bezeichnet haben. Und unser Körper ist der Wohnort von allen dreien, von Seele, Emotion und Intellekt. Das Fühlen und das Denken findet nun aber nicht getrennt voneinander in Herz und Verstand statt, sondern beides in unserem Kopf, aber an unterschiedlichen Orten.

In der Evolution hat sich unser Gehirn entwickelt. Zunächst entstand das einfache Reptilien-Gehirn, unser heutiges Stammhirn, wo unsere Instinkte und lebenserhaltenden Funktionen untergebracht sind. In Jahrmillionen wird es vom Zwischenhirn, dem limbischen System, überlagert, das für unsere Gefühlswelt zuständig ist, und schließlich vor ca. 2–3 Millionen Jahren vom Großhirn, dem Neocortex, der uns die Fähigkeit zum Denken gibt. Das Denken macht den Unterschied aus. Warum? Stamm- und Zwischenhirn können nur im Hier und Jetzt agieren, das Großhirn kann Zukunft und Vergangenheit denken und ist in der Lage, zu planen und Strategien zu entwickeln. Das Denken verleiht uns das Bewusstsein und gibt uns die Chance, unsere Handlungen von den stereotypischen Reflexen des Stamm- und Zwischenhirns zu entkoppeln. Wie läuft das im Detail ab?

Das Gehirn empfängt gut 10 Millionen Impulse pro Minute. Sie kommen von den Sinnesorganen und aus dem Körper selbst. Man geht davon aus, dass es von diesen 10 Millionen Impulsen nur 40 bis ins Großhirn schaffen, uns also bewusst werden. Wer entscheidet nun darüber, was bewusst wird und was nicht, und wo bleibt der große Rest an Information, über den wir nicht nachdenken müssen? Die Arbeit der Selektion und Verdichtung von Informationen übernimmt das Zwischenhirn. Dort arbeitet ein Team von Hirnsegmenten routiniert zusammen, und zwar völlig unbeobachtet vom Großhirn und damit unterhalb unserer Bewusstseinsschwelle. Dieses Team übernimmt zunächst die Rolle eines hocheffizienten Empfangssekretariats. Alles, was schon bekannt ist, wird aussortiert und unterbewusst verarbeitet, zum Beispiel Dinge wie Treppensteigen oder Fahrradfahren. Wer da für jede einzelne Bewegung das Großhirn bemüht, gerät ins Stolpern oder fällt vom Rad, denn unser Cortex ist für solche Aktionen zu langsam. Der Rest der Impulse wird mit einer Erfahrungsdatenbank abgeglichen, die wir alle im Laufe der Zeit aufgebaut haben, und nur was zum Schluss übrig bleibt, also neu ist oder als wichtig eingestuft wird, meldet das Zwischenhirn an das Großhirn. Unser Cortex erfährt also nur, was in diesen Meldungen steht, und sonst kommt nichts an die Oberfläche des Bewusstseins. Man könnte dieses Zusammenspiel mit der Zusammenarbeit von Geheimdienst und Regierung vergleichen. Die Regierung bekommt nur die Dossiers mit den vorselektierten und gebündelten Informationen. Unser Zwischenhirn verpackt seine Botschaften an das Großhirn als Gefühle, denn es verfügt über die körpereigenen Drogen, die solche Gefühle auslösen können. Das sind die dem Namen nach bekannten Hormone und Botenstoffe Adrenalin, Cortisol, Dopamin, Endorphin und einige andere, die für die Entstehung von Wut, Angst, Freude und weitere Gefühle sorgen.

Was sind die Grundemotionen, die unabhängig von allen Kulturen in jedem Menschen anzutreffen sind? Nach dem amerikanischen Psychologen Paul Ekman sind es sieben, und zwar:
• Freude (Vorfreude, Genugtuung, Geborgenheit)
• Angst
• Trauer
• Wut
• Ekel
• Verachtung
• Überraschung

Darüber hinaus kennen wir noch eine Reihe von Empfindungen, die wir ebenfalls als Gefühle beschreiben, zum Beispiel Schuldgefühl, Schamgefühl, Mitgefühl, Glücksgefühl und weitere.

Bei Lebewesen, die nicht über ein Großhirn verfügen, zum Beispiel bei Schimpansen, lösen Bedürfnisse oder Empfindungen sofort und zwingend Aktionen aus. Da gibt es eine eindimensionale, nicht umkehrbare Direktverbindung von der Emotion zur Aktion. Meldet der Körper Energiemangel, wird Nahrung gesucht. Begegnet dem Schimpansen ein Feind, löst seine Angst reflexartig Flucht- oder Kampfreaktionen aus. Im Prinzip passiert bei uns dasselbe, mit einem wichtigen Unterschied. Aber sehen Sie selbst:

Ein wichtiger Kunde platzt wütend mit einer Beschwerde ins Sekretariat, wir hören sein Schimpfen durch die geschlossene Bürotür. Was passiert jetzt? Unser Herzschlag wird schneller, die Atmung auch, die Muskelspannung nimmt zu und unser Zwischenhirn stellt uns vor die Alternative „Kampf oder Flucht". Und wenn wir kurz davor sind, rauszustürmen und mit geballter Faust auf den Kunden loszugehen, überlegen wir uns das noch einmal, rücken die Krawatte oder die Frisur zurecht und lösen die Sache diplomatisch. Im letzten Moment hat nämlich unser Großhirn mitbekommen, was da läuft, und hat eingegriffen. Und das ist der große Unterschied zum instinkt- und gefühlsgesteuerten Schimpansen. Wir verfügen über eine von den Reflexen entkoppelte eigene Datenverarbeitung im Gehirn. Das ist unser Denkvermögen.

Es kann erst aktiviert werden, sobald die Botschaft vom Zwischenhirn „oben" angekommen ist. Das ist eine wichtige Einschränkung, denn wir wissen, dass diese Entkopplung von Emotion und Handeln bei Menschen unterschiedlich gut funktioniert. Manche werden immer wieder von ihren Gefühlen überwältigt oder beherrscht und bereuen das hinterher. So wichtig es ist, seine Gefühle zu bemerken und einzuordnen, so wichtig ist es auch, sich nicht von den Gefühlen beherrschen zu lassen, weil wir sonst vielleicht Dinge tun oder sagen, die uns später leidtun.

Jetzt dürfen wir nicht in den Irrtum verfallen, dass Gefühle immer schlecht und Gedanken immer gut sind. Unsere Gefühle signalisieren uns unerfüllte Bedürfnisse, die das Denken noch gar nicht erfasst hat. Eine gute Zusammenarbeit von Emotion und Denken oder, anders ausgedrückt, von Herz und Verstand besteht also darin, dass der Verstand Lösungen sucht für die unerfüllten Bedürfnisse, die ihm erst durch Gefühle bekannt werden. Insofern ist das Herz immer der Auftraggeber des Verstandes. Diese Zusammenarbeit von Herz und Verstand kann jeder lernen. Sowohl derjenige, der Schwierigkeiten hat, seine Gefühle zu erkennen, weil er zu früh mit dem Denken anfängt und die Gefühle nicht zulässt, als auch derjenige, der von seinen Gefühlen beherrscht wird, weil das Denken zu spät oder gar nicht einsetzt.

IV. Wer wir sind und was wir tun

Wer wir sind

Wir sind Helmut und Marianne Becker, ein Unternehmerpaar, das seit fast 30 Jahren gleichzeitig zusammenlebt und in der eigenen Firma arbeitet. Begonnen hat alles mit der Gründung einer Marketingagentur, der KAT Marketing GmbH, später KAT International AG in Köln, die in der Spitze mehr als 70 Mitarbeiter hatte. Dort sammelten wir Beratungserfahrung in der Automobilindustrie und im Kfz-Handwerk, in der IT-Industrie, bei Finanzdienstleistern und in der Systemgastronomie, der Elektroindustrie und im Elektrohandwerk, in der Farben- und Lackindustrie sowie im Malerhandwerk.

Vor gut 10 Jahren folgte die Gründung unserer Beratungsfirma, in der wir heute noch aktiv sind. Helmut als Trainer, Coach und Berater mit einer Zusatzqualifikation als zertifizierter Alchimedus®-Master. Marianne als Trainerin, Coach und Mediatorin (BMWA), ausgebildet in Gewaltfreier Kommunikation nach Marshall B. Rosenberg und in Systemischem Konsensieren. Im Förderprogramm „unternehmensWert:Mensch" des Bundesministeriums für Arbeit und Soziales sind wir beide autorisierte Prozessberater. Marianne übt außerdem das Ehrenamt einer Schiedsfrau aus.

Auf der Firmen-Website **www.becker-kaarst.de** können Sie sich bei Interesse unsere Beraterprofile anschauen.

Was wir tun

Hier finden Sie unsere Angebote für Unternehmerpaare im Überblick.

• Impulsvortrag „Ich & Du und die Firma"

Auf unterhaltsame und nachvollziehbare Weise eröffnen sich den Zuhörern neue Perspektiven für ihr Lebensmodell „Unternehmerpaar". Aus eigenen Erfahrungen, einer kürzlich durchgeführten Studie und aus der Arbeit mit Inhabern kleiner und mittlerer Unternehmen (KMU) entstanden wertvolle Erkenntnisse, die für alle Unternehmerpaare interessant sind. Der Impulsvortrag dauert ca. 60 Minuten und wendet sich an (Ehe-)Paare, die gemeinsam in ihrem eigenen Unternehmen arbeiten. Auch wer allein in seiner Firma arbeitet, profitiert von zahlreichen Empfehlungen.

- **Schnupperworkshops „Ich & Du und die Firma"**

  Im Zusammenhang mit dem Vortrag bieten wir 45– bis 60-minütige Schnupperworkshops an, in denen wir das Thema exemplarisch an Beispielsituationen vertiefen.

- **2-Tages-Workshop „Ich & Du und die Firma"**

  In diesem 2-tägigen Workshop entdecken Sie ungenutzte Potenziale in Ihrer Firma und finden heraus, wie Sie
  - einfach Ihre Strategie überprüfen können,
  - Ihre Aufgabenteilung und Verantwortlichkeiten besser regeln,
  - auch über schwierige Themen konfliktfrei kommunizieren können,
  - als Führungsteam reibungsloser zusammenarbeiten,
  - Ihr Team entwickeln und zusammenhalten,
  - Ihre persönliche Work-Life-Balance optimieren,
  - beruflich und privat weniger Stress haben und mehr Lebensqualität für sich und Ihre Familie erreichen.

  Der Workshop bietet praktische Lebenshilfe für Unternehmerpaare, es geht nicht um therapeutische Arbeit oder Eheberatung. In Einzel-, Paar- und Gruppenarbeiten identifizieren Sie Chancen und definieren Aufgaben, planen wichtige Zukunftsprojekte, legen den Grundstein für ein besseres Kommunikationsverhalten und treffen konkrete Verabredungen für ein befriedigendes, respektvolles und erfolgreiches Miteinander in der Firma und im Privatleben.

- **Standortbestimmung und Beratung**

  Die Standortbestimmung von Unternehmen erstellen wir mithilfe der Alchimedus®-Potenzialanalyse, einem computergestützten Verfahren auf der Basis von 60 Fragen. So werden die Felder identifiziert, wo eine Verbesserung möglich ist und wo eine unterstützende Beratung sinnvoll sein kann. Unsere Beratungsschwerpunkte sind:
  - Positionierung und Unternehmensstrategie
  - Leitbildentwicklung und Verbesserung der Mitarbeideridentifikation
  - Optimierung der Kapazitätsplanung und der betrieblichen Abläufe
  - Marketing, Vertrieb und Kundenmanagement
  - Aufbau einer Arbeitgebermarke, leichteres Finden von Mitarbeitern
  - Einführung von Personalentwicklung mit allem, was dazu nötig ist, wie Stellenbeschreibungen, Mitarbeitergespräche etc.

- **Coaching von Unternehmerpaaren**

  Unser Coaching verbessert die Zusammenarbeit des Unternehmerpaares untereinander oder dient einer besseren Zusammenarbeit in Teams und zwischen Teams. Es kann als Tandemcoaching auch das Zusammenspiel von Chefs und Assistenz optimieren. Beide Chefs können durch Coaching ihr eigenes Führungsverhalten verbessern und außerdem Nachwuchsführungskräfte durch Coaching bei der Übernahme einer Führungsrolle unterstützen.

- **Internet Community**

  In unserem Blog auf **www.powerpaare.net** finden Sie immer wieder interessante Beiträge zum Thema „Ich & Du und die Firma", aktuelle Seminarangebote, Berichte über unsere Arbeit, ein Newsletter-Archiv und einen Downloadbereich mit Arbeitsblättern, Checklisten, Fragebögen und Tests. Dort können Sie sich auch zu unserem 2-monatlichen Newsletter anmelden.

V. Anhang

Danksagung

Wir danken Kunden und Lieferanten, die uns die Treue hielten oder uns herausforderten.
Wir danken unseren Mitarbeitern für ihren Einsatz und ihre Ideen.
Wir danken unseren Kindern, dass sie uns und unseren Fehlern versöhnlich gegenüberstehen.
Wir danken unseren Familien und Freunden für die Nachsicht und den Zuspruch in schwierigen Phasen.
Und wir bedanken uns beieinander für das gemeinsam Erlebte, Geschaffte und Gemachte.

Nach all den Jahren möchten wir nun noch eins: das tun, was uns wirklich Spaß macht. Nämlich Menschen in ähnlicher Situation ein offenes Ohr oder einen aus der Erfahrung resultierenden Rat schenken.

Herzlich grüßen
Helmut und Marianne Becker

Quellenangaben:

– Literaturverzeichnis

Böhme, Karsten, Strategische Personalentwicklung, München und Neuwied 2003

Borkenau, Peter, und Fritz Ostendorf, NEO-Fünf-Faktoren Inventar, Göttingen 1993

Cousins, Norman, Der Arzt in uns selbst, Darmstadt 2008

Ekman, Paul, Gefühle lesen, München 2004

Falkenberg, Irina, McGhee, Paul und Barbara Wild, Humorfähigkeit trainieren, Stuttgart 2012

Freud, Sigmund, Der Witz und seine Beziehung zum Unterbewussten, Frankfurt 1992

Gottman, John M., und Nan Silver, Die 7 Geheimnisse der glücklichen Ehe, Berlin 2003

Kugler, Dieter, und Sascha Kugler, Alchimedus®-PP3-Präferenzanalyse, Nürnberg 2012

Loriot, Ein Ehepaar, gefunden bei e-Hausaufgaben.de

MacLean, Paul, The triune brain in Evolution, 1990

Pörksen, Bernhard, und F. Schulz von Thun, Kommunikation als Lebenskunst, Heidelberg 2014

Rammstedt, Beatrice, und Jürgen Schupp, Only the Congruent Survive, 2008

Rosenberg, Marshall B., Gewaltfreie Kommunikation: Eine Sprache des Lebens, Paderborn 2001

Sheehan, Monica, Be happy, Philadelphia 2007

Wolf, Doris, und Rolf Merkle, Verschreibungen zum Glücklichsein, Mannheim 2001

– Weblinks

https://www.aphorismen.de/Zitat Marc Aurel, röm. Kaiser (121–180)

http://www.baua.de, Bundesanstalt für Arbeitsschutz und Arbeitsmedizin (BAuA)

https://dhi.zdh.de, Deutsches Handwerksinstitut (DHI)

http://motivation-blog.de, Tim Eichert und Jorma Bork

http://journals.plos.org, The EPIC-Norfolk Prospective Population Study, 2008

http://wortwuchs.net, Jonas Geldschläger

http://www.zeitblueten.com, Burkhard Heidenberger

https://www.humanresourcesmanager.de, Human Resources Manager, Internetmagazin

http://beziehungs-abc.de, Sara und Peter Michalik

http://sloanreview.mit.edu, What Makes Work Meaningful, 2016

Bildnachweise:

Alchimedus®/Kalchreuth (S. 168)

Alekksall/Shutterstock (S. 14/15, 66/67, 114/115, 161)

Anna Kaduk/Düsseldorf (Rücktitel)

Becker Consulting GmbH (S. 7, 10, 31, 33, 34, 47, 69, 125, 128, 130, 163, 167)

Bimbim/Shutterstock (S. 151)

Finevector/Shutterstock (S. 81)

Friedemann von Thun Institut – adaptiert (S. 96, 98)

hobbit/Shutterstock (S. 14–65, 68–113, 116–159)

Hoffman Quadrinity Institut – adaptiert (S. 171)

Karsten Böhme (S. 132)

Maria Kazanova/Shutterstock (S. 4)

Metzgerei Hack, Steffen Schütze/Freising (S. 129)

pockygallery/Shutterstock (S. 6, 12/13, 64, 66/67, 112, 114/115, 158, 161)

TROMAN ANDREI/Shutterstock (Umschlag, S. 3, 4, 6, 12, 64, 66, 87, 114, 121, 136, 161)

Vadym Nechyporenko/Shutterstock (S. 77)

zentilia/Shutterstock (S. 12, 66, 114)

Layout: Janina Wahle/Haan, www.hetjotti.de

Lektorat: Ursula Lützeler/Düsseldorf

Erscheinungsdatum: November 2016

Verlag: Becker Consulting, Corporate Publishing, ISBN 987-3-00-054529-0